仕事で使える My フレーズ

中学英語だけで解決！60シーン

晴山陽一

Z会

●はじめに ——この本を「あなただけの本」に！

　本書は，時間がないビジネスパーソンの皆さんに，最短の時間でビジネス英語の「話す，聞く，読む，書く」4つの技能に慣れ親しんでいただき，その基礎をつくることを目的としています。

　短時間で学ぶための戦略は，ずばり，全ページ中学英語であるということ——。
　本書は，外資系企業 SAKURA Digital 社に勤める若手の営業担当者ケンの1日を描きながら，中学で習う60個の文法項目をやさしいものから順に復習し，ビジネスシーンで使えるように編まれています。

　ちょっとページをめくってみてください。通勤電車の中で同僚のリサと会い，会社に着くと，今日のプレゼンの準備が待っています。ランチタイムの後は，トラブル処理，上司との打ち合わせ，プレゼンの本番，商品の売り込み，最後は外国人の接待……と多忙な1日が続きます。
　このストーリーに合わせて，もう1つのシナリオ（中学英語の総復習）が着々と進んでいくというわけです。

　本書のタイトルは『仕事で使える My フレーズ』です。主人公の1 day ストーリーの中から，あなた自身が使えそうなフレーズを抽出して，あなた用にカスタマイズしていきます。ですので，この本は使い込めば使い込むほど，あなた専用の，この世に1冊しかない本になるのです。

2014年夏　　晴山陽一

●目次

はじめに……………………………………………………………… 3
本書の利用法………………………………………………………… 7

学習にあたって……………………………………………………… 10

仕事の英語　60レッスン

LESSON　1　自己紹介をする ……………………………………… 16
LESSON　2　家族を紹介する ……………………………………… 18
LESSON　3　朝の日課を話す ……………………………………… 20
LESSON　4　初対面のあいさつをする …………………………… 22
LESSON　5　友達を紹介する ……………………………………… 24
英語で言ってみよう！① …………………………………………… 26
LESSON　6　仕事について尋ねる ………………………………… 28
LESSON　7　職場の場所を尋ねる ………………………………… 30
LESSON　8　時間がないと伝える ………………………………… 32
LESSON　9　部下に指示を出す …………………………………… 34
LESSON 10　今していることを伝える …………………………… 36
英語で言ってみよう！② …………………………………………… 38
LESSON 11　改善策を提案する …………………………………… 40
LESSON 12　使える機能を伝える ………………………………… 42
LESSON 13　電話の取り次ぎを頼む ……………………………… 44
LESSON 14　やったことを報告する ……………………………… 46
LESSON 15　どんな状況だったか伝える ………………………… 48
英語で言ってみよう！③ …………………………………………… 50
LESSON 16　どんなもの・人かを伝える ………………………… 52
LESSON 17　「一緒に行こう」と誘う …………………………… 54
LESSON 18　「電話があった」と伝える ………………………… 56
LESSON 19　受けた印象を伝える ………………………………… 58
LESSON 20　見せてほしいと求める ……………………………… 60
英語で言ってみよう！④ …………………………………………… 62

LESSON 21	異動の予定について話す	64
LESSON 22	何をしていたかを伝える	66
LESSON 23	今後の仕事について話す	68
LESSON 24	雑用を頼む	70
LESSON 25	相手の名前を尋ねる	72

英語で言ってみよう！⑤ ……………………………………… 74

LESSON 26	命じられたことを説明する	76
LESSON 27	準備が必要な内容を伝える	78
LESSON 28	「こうすればよい」と伝える	80
LESSON 29	手伝いを申し出る	82
LESSON 30	丁寧にお願いする	84

英語で言ってみよう！⑥ ……………………………………… 86

LESSON 31	感謝の気持ちを述べる	88
LESSON 32	商品の特長を説明する	90
LESSON 33	控えめに意向を伝える	92
LESSON 34	商品開発の背景を説明する	94
LESSON 35	広告戦略について話す	96

英語で言ってみよう！⑦ ……………………………………… 98

LESSON 36	会社への行き方を尋ねる	100
LESSON 37	他社の商品と比べる	102
LESSON 38	自社商品を売り込む	104
LESSON 39	返答のタイミングを伝える	106
LESSON 40	もしもの場合について話す	108

英語で言ってみよう！⑧ ……………………………………… 110

LESSON 41	要望に添えないことを伝える	112
LESSON 42	意図や考えを相手に伝える	114
LESSON 43	自信を持って商品を提案する	116
LESSON 44	工程を説明する	118
LESSON 45	クレームを受ける	120

英語で言ってみよう！⑨ ……………………………………… 122

LESSON 46	クレームを報告する	124
LESSON 47	履歴を確認する	126
LESSON 48	売上動向について話す	128
LESSON 49	会議で意見を述べる	130
LESSON 50	成功を確約する	132

英語で言ってみよう！⑩ …………………………………… 134

LESSON 51	営業の感触を伝える	136
LESSON 52	自分の気持ちを伝える	138
LESSON 53	相手に頼みごとをする	140
LESSON 54	1日の仕事を振り返る①	142
LESSON 55	1日の仕事を振り返る②	144

英語で言ってみよう！⑪ …………………………………… 146

LESSON 56	1日の仕事を振り返る③	148
LESSON 57	1日の仕事を振り返る④	150
LESSON 58	会社の事業内容を説明する	152
LESSON 59	料理を薦める	154
LESSON 60	プレゼンの感想を述べる	156

英語で言ってみよう！⑫ …………………………………… 158

巻末付録

文法・構文ポイントチェック ……………………………… 162
キーセンテンス一覧 ………………………………………… 170

●本書の利用法

　本書では，主人公の1日の生活を追ったストーリーに沿って，ビジネスシーンでよくある60の場面を取り上げています。学習ページは下記の項目で構成されていますので，それぞれ位置づけを確認して取り組みましょう。

LESSONページ

　ストーリーに沿って各シーンで使える中学英語の文法項目を確認し，アウトプットにつなげる演習をしていきます。

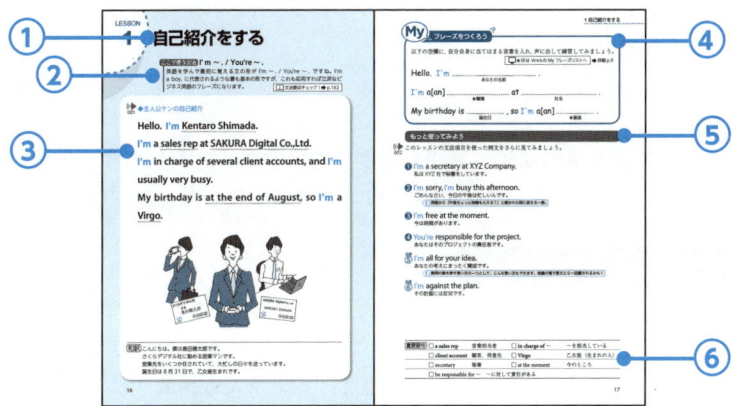

①LESSON タイトル
仕事の現場でよくある60のシーンを掲げています。場面をイメージしながら③の英文を読んでみましょう。

②ここで使う文法
その LESSON で学べる文法項目が示されています。アドバイスやコメントが添えられていますので，導入として読んでから学習に入りましょう。文法についてさらに確認したい場合には，巻末の「文法・構文ポイントチェック」を参照してください。

③メイン英文：ケンの1 day ストーリー
主人公の島田健太郎（ケン）を中心としたストーリーが展開されます。英文中の青字は，そのLESSONでテーマとなっている文法に該当する箇所を示しています。また，④の My フレーズ入れ替え該当箇所には点線の下線が引かれています。なお，英文の横にある 🔊 は，Web 上の特設サイト（9ページ参照）にて配布している音声ファイルの番号を示しています。音声を聴いて何度も音読し，まずはこの英文の内容をしっかり定着させてください。

④My フレーズをつくろう

③の英文の中から，実際の仕事に応用できる部分を抜粋し，語句を入れ替えて自分専用の一言「My フレーズ」を作るコーナーです。★印の空所については，Web 上の特設サイト（9ページ参照）に「My フレーズリスト」を掲載していますので，そちらも参考にしながら，自分自身にぴったり合った語句で空所を埋め，何度も音読して身につけましょう。

⑤もっと使ってみよう

その LESSON で扱っている文法項目を含む例文を挙げています。こちらも覚えてそのままビジネスに活用できる内容のものなので，さらなるレベルアップを図りたい方は，しっかり学習してください。

⑥重要語句

LESSON 内に出てきた重要語句・表現をまとめています。なお，太字の語句は②のメイン英文から，細字の語句は⑤の例文からピックアップしたものとなっています。

英語で言ってみよう！

LESSON が5つ進むごとに1回設けられている練習問題のページです。そこまでの学習内容を踏まえて，問題に挑戦しましょう。また，LESSON の中で身につけた「聞く」「話す」の力を「読む」「書く」力と関連付けるコラムも掲載されています。

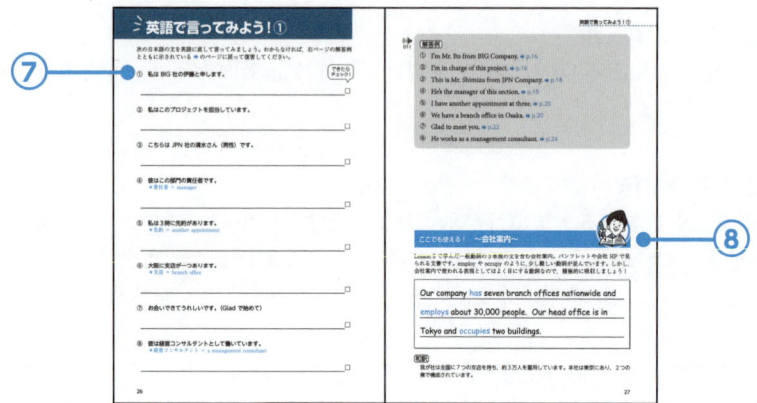

⑦練習問題・解答例

ここまでの LESSON で確認した知識を生かし，日本語を英語に直して言ってみましょう。解答例は隣のページに示されているので，最初は隠してチャレンジしてください。なお，解答例については音声を用意しています。

⑧「ここでも使える！」コラム

ビジネスに関連する文書にも，中学英語の文法知識を活用して読んだり書いたりできるものがたくさんあります。ここではその代表的なものを挙げていますので，ぜひ参考にしてください。

■特設サイトについて

　本書ではWeb上に特設サイトを設けています。以下のURLにアクセスし，ユーザ登録をしていただきますと，**音声ファイルのダウンロードおよびMyフレーズ作成用の「Myフレーズリスト」の利用**が可能となります。

　※ユーザー登録は無料です。

　　http://www.zkai.co.jp/books/myphrase/

　Myフレーズリストでは，本文の英文の入れ替え用語句の例を参照することができますので，ぜひ学習にお役立てください。なお，Myフレーズリストは画面上で検索できるだけでなく，データダウンロードも可能です。

学習にあたって

　若い頃のことを思い出すと，気持ちも体も若返ると言います。本書を読み始める前に，中学時代の楽しい出来事を思い出してください。
　10秒だけ目をつぶって，いちばん仲良しだった友達のことを思い出しましょう。その友達と一緒に体験したいちばん楽しい思い出は何ですか。
　今度は，初めて英語の教科書を開いた時のワクワクも思い出してください‥‥‥。

　では，そろそろ本題に入ります。

　「ビジネス英語は中学英語をマスターしていれば十分対応できる」と言われています。本書は，この事実を，誰もが納得する形で証明するために書きました。
　中学英語に関しては，時にこんな批判を耳にすることがあります。すなわち，「This is a pen. や I am a boy. のような，一生使うはずのない英語を学ばせるから学校英語は役に立たないのだ」と。
　しかし，この本を読めば，This is a pen. や I am a boy. が，ちょっと形を変えただけで，立派に仕事の場面の英語として使えることが，おわかりいただけると思います。
　たとえば，LESSON 4 に出てくる This is my co-worker, Ken.（こちらは同僚のケンです）は This is a pen. の応用ですし，LESSON 1 に出てくる I'm a Virgo.（私は乙女座生まれです）は I am a boy. の延長上です。
　学習というのは，「基本を応用に結び付けていく作業」のことなのです。

　さて，英語を話すにはこんな暗黙の法則があります。それは，「知っている文法レベルの"2学年下"のレベルの英語なら話すことができる」という法則です。この法則に従えば，高2までの文法を身につけていれば，中3レベルの英語で話すことができるということになります。
　逆に言うと，中3レベルの英語で英会話ができるというのは，実は大変なことなのです。それは，関係代名詞や不定詞や動名詞を自由に使って会話ができるということを意味するからです。本書の目標をひとことで言えば，「中学英語とビジネス英語の橋渡しをする本」ということになります。
　ここで論より証拠，「中学レベル」から「ビジネス英語」への橋渡しのイメージを，3つの代表的な文法事項について見てみることにします。

1. 現在進行形

中学英語　　He is playing tennis.

ビジネス英語　I'm making some documents on the PC. 《LESSON **10**》

2. 助動詞 can

中学英語　　He can speak Japanese.

ビジネス英語　You can use software like this. 《LESSON **12**》

3. 不定詞の名詞用法

中学英語　　I want to be a teacher.

ビジネス英語　I want to talk about our new product. 《LESSON **32**》

　では，ここで，「中学英語」の全貌を一目で把握していただくために作成した，表をご覧いただきましょう（次ページ）。この表は，「中学英語」を大きく6つの分野に分け，中1，中2，中3と「年輪」のように示したものです。この表の文法項目を数えていくと，ほぼ60個になります。それが，本書の60レッスンの根拠となっています。

関係副詞
関係代名詞
[非制限用法]

仮定法

関係代名詞
who/which/
that

分詞の形容詞用法

受動態
間接疑問文

接続詞 if
so〜that...

比較級・
最上級

There is/are〜

接続詞 when
I hope that...

人称代名詞
aとthe
単数と複数
形容詞

be動詞の文
一般動詞の文
肯定文・疑問文
否定文・命令文
Let's...

第2文型
[become,
look]

第5文型 [感覚動詞・使役動詞]

how to.../
what to...
It〜to...
be glad to...
want＋人＋to...
too〜to...

分詞構文

不定詞
動名詞

第1文型
第2文型
第3文型

第4文型
[show,
give]

第5文型
[call]

第5文型
[make]

can

現在時制
現在進行形
be going to...
過去時制
[一般動詞]

過去時制
[be動詞]
未来表現

may
must/must not
have to...
Shall I...?
Will you...?

過去進行形
現在完了
[継続]

現在完了
[完了・経験]

should
would

中1

中2

中3

高1

過去完了
現在完了進行形

最後に，本書の学習方法について，ひとこと申し上げます。

私は何事でも，学習のポイントは「スピードと接触回数」だと考えています。
スピードがないと，時間がかかり，途中で飽きてしまいます。一方，接触回数が少ないと，なかなか定着しません。では，スピードを上げながら，接触回数を上げることは可能でしょうか。
その答えは，こうです。むしろスピードを速めたほうが接触回数を上げることができる。
スピーディな学習は退屈するヒマがないし，どんどん先に進むので快適です。どんどん進むから楽に一巡でき，楽に一巡できるから何度も回転でき，その結果，接触回数も増えるのです。

本書は，普通の教科書や参考書と違い，メイン英文が１つのストーリーになっています。私は，読者の皆さんに，まずはストーリーを追うことをお勧めします。具体的には，こんな読み方です。
まず，左ページの英文部分だけを，LESSON 1 から LESSON 60 まで通して「超速読」で５回読みます。最初はあまり意味を考えなくても大丈夫。だいたいのストーリーを追う気持ちで，どんどん読んでいきます。
おそらく３回目から，細部まで意識できるようになり，英文が定着し始めます。４回目，５回目になると，もう「なじみの英文」になっています。このように「５回転速読」で，この本の内容を無意識レベルにダウンロードしてしまいましょう。注意点は１つだけ。無理に意味を取ろう，正確に読もうとしないこと。この本の英文は中学英語で書かれています。ですので，何度もスピードを上げて読むうちに，あなたの脳裏に中学英語がじわじわ蘇ってくることでしょう。
スピーディなのにじわじわ――。
これが何事によらず学習のキモだと私は思っています。
ビジネスの命はスピードと積極性です。スピードを上げることにより，素早い判断力も磨かれます。まずはスピード感あふれる「超速読」ではずみをつけてから，ワンレッスンずつ順に読んでいくことをお勧めします。

そして，上記のようにまず「お手本」を頭に入れた上で，この本での学習のハイライトは何と言っても，覚えた英文を活用して「My フレーズ」を作るシーンです。自信を持って話せる My フレーズをたくさんストックしていきましょう。さらに，「英語で言ってみよう！」の問題にチャレンジしてアウトプット練習を行ってください。本書全体を通して，中学英語とビジネス英語がいかに好相性であるかを実感していただけると思います。

仕事の英語 60 レッスン

LESSON 1 自己紹介をする

ここで使う文法 I'm ～. / You're ～.

英語を学んで最初に覚える文の形が I'm ～. / You're ～. ですね。I'm a boy. に代表されるような最も基本の形ですが，これも応用すれば立派なビジネス英語のフレーズになります。

📖 文法要点チェック！ ➡ p.162

◆主人公ケンの自己紹介

Hello. **I'm** Kentaro Shimada.
I'm a sales rep at SAKURA Digital Co.,Ltd.
I'm in charge of several client accounts, and **I'm** usually very busy.
My birthday is at the end of August, so **I'm** a Virgo.

和訳 こんにちは。僕は島田健太郎です。
　　さくらデジタル社に勤める営業マンです。
　　営業先をいくつか任されていて，大忙しの日々を送っています。
　　誕生日は8月31日で，乙女座生まれです。

1 自己紹介をする

My フレーズをつくろう

★印は Web の My フレーズリストへ　➡ 詳細 p.9

以下の空欄に，自分自身に当てはまる言葉を入れ，声に出して練習してみましょう。

Hello. I'm ……………………………… .
　　　　　　　　あなたの名前

I'm a[an] ……………………… at ……………………………… .
　　　　　　　　★職種　　　　　　　　　　　　　社名

My birthday is …………… , so I'm a[an] …………… .
　　　　　　　　誕生日　　　　　　　　　　　　★星座

もっと使ってみよう

002　このレッスンの文法項目を使った例文をさらに見てみましょう。

❶ I'm a secretary at XYZ Company.
　私は XYZ 社で秘書をしています。

❷ I'm sorry, I'm busy this afternoon.
　ごめんなさい，今日の午後は忙しいんです。
　❗同僚から「午後ちょっと時間もらえる？」と聞かれた時に使える一言。

❸ I'm free at the moment.
　今は時間があります。

❹ You're responsible for the project.
　あなたはそのプロジェクトの責任者です。

❺ (応用) I'm all for your idea.
　あなたの考えにまったく賛成です。
　❗賛同の意を表す言い方の一つとして，こんな言い方もできます。会議の場で言えたら一目置かれるかも！

❻ (応用) I'm against the plan.
　その計画には反対です。

重要語句			
☐ a sales rep	営業担当者	☐ in charge of ～	～を担当している
☐ client account	顧客，得意先	☐ Virgo	乙女座（生まれの人）
☐ secretary	秘書	☐ at the moment	今のところ
☐ be responsible for ～	～に対して責任がある		

17

LESSON 2　家族を紹介する

ここで使う文法 This is ~. / He's ~.

英語では，話し手は１人称，話の相手は２人称，話の中に出てくる人やものや事象のことを３人称と呼びます。３人称の使い方を覚えると，話の内容がグンと広がります。

📖 文法要点チェック！➡ p.162

◆島田家の人々

This is my father, Kosuke.　**He's** an engineer.

This is my mother, Keiko.　**She's** a housewife.

This is my sister, Yoko.　**She's** 19. **She's** in the second year at Heisei University in Tokyo.

This is my pet dog, Pochi.

This is my family.

和訳 こちらは父の康介。エンジニアをしています。
　　　こちらが母の恵子。専業主婦です。
　　　こちらは妹の陽子。19歳です。東京の平成大学の２年生です。
　　　そしてこれが犬のポチ。
　　　以上が，僕の家族です。

2 家族を紹介する

My フレーズをつくろう

★印は Web の My フレーズリストへ　→詳細 p.9

以下の空欄に，自分自身に当てはまる言葉を入れ，声に出して練習してみましょう。

This is my father, ... He's a[an] ....
　　　　　　　　　　父の名前　　　　　　　　　　　　　　　　★職業

This is my mother, ... She's a[an] ....
　　　　　　　　　　母の名前　　　　　　　　　　　　　　　　★職業

This is my .... , ... This is my family.
　　　　　★親族の呼称　　　　名前

もっと使ってみよう

004　このレッスンの文法項目を使った例文をさらに見てみましょう。

❶ **This is** my secretary, Miss Sato.
　こちらは私の秘書，佐藤さんです。
　⚠ 自分の隣にいる人を紹介する時に使える表現です。

❷ **This is** Mr. Yamamoto of the Personnel Department.
　こちらは人事部の山本さんです。

❸ **He's** out of the office.
　彼は社外に出ております。

❹ **She's** in a meeting now.
　彼女は今会議中です。

❺ **My office is** on the 3rd floor.
　私のオフィスは3階にあります。

応用
❻ Hello, **this is** Mr. Brown from the Sales Department.
　（電話で）もしもし，営業部のブラウンです。
　⚠ 電話で名乗る時には 'I am' ではなく 'This is' から始めましょう。

重要語句	☐ **engineer**	エンジニア	☐ **housewife**	主婦
	☐ **the Personnel Department**	人事部		
	☐ **the Sales Department**	営業部		

LESSON 3 朝の日課を話す

ここで使う文法 一般動詞

be 動詞以外のすべての動詞を「一般動詞」と呼び，さまざまな動作や状態を表すことができます。下の英文のように毎日の日課を伝えるためには，基本的に「現在時制」を使います。

📖 文法要点チェック！ ➡ p.162

◆朝起きてから会社に着くまで

I usually **get up** at 6.

I **have** toast and coffee for breakfast every morning.

After breakfast I **take** a shower and **get** dressed.

I **leave** home at about 7 and **take** the train to work.

I **read** the newspaper on the train, and **arrive** at work at about 8:30.

和訳 だいたい朝は6時に起きます。
毎朝食にトーストとコーヒーをとります。
朝食後にシャワーを浴びて着替えます。
7時頃に家を出て，電車で通勤します。
電車の中では新聞を読み，8時半くらいに会社に到着します。

3 朝の日課を話す

★印は WebのMyフレーズリストへ　➡ 詳細 p.9

以下の空欄に，自分自身に当てはまる言葉を入れ，声に出して練習してみましょう。

I usually get up at ....
　　　　　　　　　　　時刻

I have .... for breakfast every morning.
　　　　　　朝食にとるもの

I .... on the train,
　　　　　★電車の中ですること

and arrive at work at about ....
　　　　　　　　　　　　　　　　　時刻

もっと使ってみよう

006　このレッスンの文法項目を使った例文をさらに見てみましょう。

❶ I work 9 to 5 on weekdays.
　平日は9時から5時まで働いています。

❷ I have a meeting this afternoon.
　今日の午後は会議があります。

❸ I have an appointment with Mr. Turner at 1:00.
　ターナーさんと1時にお約束をしています。

❹ We have about 50 staff members.
　当社にはおよそ50人の従業員がおります。

応用
❺ I agree with you.
　あなたの意見に賛成です。
　❗ 会議中に自分の意見を明確に伝えるならこの表現。

応用
❻ We recommend this product for your office.
　あなたのオフィスにはこの製品をお薦めします。
　❗ 自社の製品を相手に勧める時に最適な一言。プレゼンの時などに使ってみましょう！

重要語句				
☐ get up	起きる	☐ get dressed	着替える，身支度を整える
☐ leave home	家を出発する	☐ on weekdays	平日には
☐ appointment	約束	☐ agree with 〜	〜に賛成する
☐ recommend	〜を薦める	☐ product	製品

21

LESSON 4 初対面のあいさつをする

ここで使う文法 あいさつの表現

昔から教科書に出てくるあいさつ文は 'How are you?' ― 'Fine, thank you.' が定番でしたが，実際のビジネスシーンでは，'Nice to meet you.' がよく使われます。類似表現もあわせて学びましょう。

 ◆通勤電車で同僚のリサに会う

リサ ：**Hi**, Ken.

ケン ：**Hi**, Lisa.

リサ ：Ken, this is my friend, Judy. She is my neighbor. Judy, this is my co-worker, Ken.

ケン ：**Nice to meet you**, Judy.

ジュディ：**Glad to meet you**, Ken.

和訳
リサ　　：おはよう，ケン。
ケン　　：おはよう，リサ。
リサ　　：ケン，こちらは私の友人，ジュディよ。隣に住んでいるの。
　　　　　ジュディ，こちらは私の同僚，ケン。
ケン　　：はじめまして，ジュディ。
ジュディ：どうぞよろしく，ケン。

4 初対面のあいさつをする

My フレーズをつくろう

★印は Web の My フレーズリストへ　➡ 詳細 p.9

以下の空欄に，自分自身に当てはまる言葉を入れ，声に出して練習してみましょう。

A: .... , this is my friend, ...
　　　聞き手の名前　　　　　　　　　　　　　　紹介する人の名前

　　He[She] is my ....
　　　　　　　　　　　　　　★相手の立場

B: ....
　　　初対面の相手へのあいさつ

もっと使ってみよう

((◄)) 008　このレッスンの文法項目を使った例文をさらに見てみましょう。

❶ **How do you do?**
　初めてお目にかかります。
　(!) この言葉で，初対面でも一気に雰囲気が和みます。

❷ **This is my boss, Ms. White.**
　こちらは私の上司，ホワイトさんです。

❸ **She is my co-worker.**
　彼女は私の同僚です。

❹ **I'm pleased to meet you.**
　お会いできてうれしいです。
　(!) 相手と会った時にこの言葉がすぐに出てきたら，相手も喜びますね。

❺ **It's nice to see you.**
　お会いできてうれしいです。

❻ **It's a pleasure to meet you.**
　お会いできて光栄です。

| 重要語句 | ☐ neighbor | 隣人，近所の人 | ☐ co-worker | 同僚 |

☐ Nice[Glad] to meet you.　お会いできてうれしいです。

LESSON 5 友達を紹介する

ここで使う文法 一般動詞（3人称単数現在の場合）

Lesson 3 で一般動詞を用いた現在時制の文を取り上げました。ここでは，主語が3人称単数（He, She, Judy など）の時に動詞の形が少し変わることを確認しましょう。

📖 文法要点チェック！ ➡ p.162

 009 ◆ケンに友人のジュディを紹介するリサ

リサ ： Judy lives next door to me. We sometimes get together and have a chat. She works for a bank. She is a teller.

ケン ： I see.

リサ ： We work out at the same gym. We go there together. She likes the training machines.

和訳 リサ：ジュディは私の隣に住んでいて，時々会って話すの。彼女は銀行に勤めていて，窓口の仕事をしているのよ。
ケン：そうなんだ。
リサ：私たちは同じジムに通っているの。一緒に行くのよ。ジュディはトレーニングマシーンを使うのが好きなの。

5 友達を紹介する

My フレーズをつくろう

★印は WebのMy フレーズリストへ ➡詳細 p.9

以下の空欄に，自分自身に当てはまる言葉を入れ，声に出して練習してみましょう。

.... lives ....
友人の名前　　　　★住んでいる場所

He[She] works for a[an] ....
　　　　　　　　　　　　　　★勤務先

We ....
　　　　　　　　　★一緒にすること

もっと使ってみよう

🔊 010 このレッスンの文法項目を使った例文をさらに見てみましょう。

❶ She works for a TV station.
彼女はテレビ局に勤めています。
❗ 'What does she do?'（彼女の職業は？）と聞かれたら，このように返答できます。

❷ Our company makes and sells personal computers.
当社はパソコンを製造・販売しています。

❸ Our company has a lot of part-timers.
当社にはパート従業員がたくさんおります。

❹ He knows a lot about computer programming.
彼はコンピュータプログラムのことをよく知っています。

⑤（応用）This project consists of 2 teams.
このプロジェクトは2つのチームで構成されています。

⑥（応用）This graph shows the annual sales results of our section.
このグラフは我々の課の年間売上実績を示しています。
❗ プレゼンでよくあるグラフの説明。shows の後ろの目的語を変えるなど工夫して使いましょう。

重要語句				
☐ next door to ~	~の隣に	☐ get together	一緒になる，会う
☐ have a chat	おしゃべりを楽しむ	☐ work for ~	~に勤めている
☐ teller	銀行の窓口係	☐ work out	トレーニングをする
☐ part-timer	パート従業員	☐ consist of ~	~から成る
☐ annual	年間の		

英語で言ってみよう！①

次の日本語の文を英語に直して言ってみましょう。わからなければ，右ページの解答例とともに示されている ➡ のページに戻って復習してください。

できたらチェック！

① 私は BIG 社の伊藤と申します。

＿＿＿＿＿＿＿＿＿＿＿＿＿＿＿＿＿＿＿＿＿＿ ☐

② 私はこのプロジェクトを担当しています。

＿＿＿＿＿＿＿＿＿＿＿＿＿＿＿＿＿＿＿＿＿＿ ☐

③ こちらは JPN 社の清水さん（男性）です。

＿＿＿＿＿＿＿＿＿＿＿＿＿＿＿＿＿＿＿＿＿＿ ☐

④ 彼はこの部門の責任者です。
　＊責任者 = manager

＿＿＿＿＿＿＿＿＿＿＿＿＿＿＿＿＿＿＿＿＿＿ ☐

⑤ 私は3時に先約があります。
　＊先約 = another appointment

＿＿＿＿＿＿＿＿＿＿＿＿＿＿＿＿＿＿＿＿＿＿ ☐

⑥ 当社は大阪に支店が一つあります。
　＊支店 = branch office

＿＿＿＿＿＿＿＿＿＿＿＿＿＿＿＿＿＿＿＿＿＿ ☐

⑦ お会いできてうれしいです。（Glad で始めて）

＿＿＿＿＿＿＿＿＿＿＿＿＿＿＿＿＿＿＿＿＿＿ ☐

⑧ 彼は経営コンサルタントとして働いています。
　＊経営コンサルタント = a management consultant

＿＿＿＿＿＿＿＿＿＿＿＿＿＿＿＿＿＿＿＿＿＿ ☐

英語で言ってみよう！①

[解答例]
① I'm Mr. Ito from BIG Company. ➡ p.16
② I'm in charge of this project. ➡ p.16
③ This is Mr. Shimizu from JPN Company. ➡ p.18
④ He's the manager of this section. ➡ p.18
⑤ I have another appointment at three. ➡ p.20
⑥ We have a branch office in Osaka. ➡ p.20
⑦ Glad to meet you. ➡ p.22
⑧ He works as a management consultant. ➡ p.24

ここでも使える！　〜会社案内〜

Lesson 5 で学んだ一般動詞の３単現の文を含む会社案内。パンフレットや会社 HP で見られる文書です。employ や occupy のように，少し難しい動詞が並んでいます。しかし，会社案内で使われる表現としてはよく目にする動詞なので，積極的に吸収しましょう！

Our company has seven branch offices nationwide and employs about 30,000 people. Our head office is in Tokyo and occupies two buildings.

[和訳]
我が社は全国に７つの支店を持ち，約３万人を雇用しています。本社は東京にあり，２つの棟で構成されています。

27

LESSON 6 仕事について尋ねる

ここで使う文法 疑問文

「相手の仕事について尋ねる」,「物事の状況を確認する」など,相手から情報を得るための重要な手段となるのが疑問文です。基本をおさえて自在に使いこなせるようにしたいですね。

📖 文法要点チェック! ➡ p.162

🔊 012 ◆ジュディの仕事について尋ねるケン

ケン : **Do you work** near Shinjuku?

ジュディ : Yes. Very close to the station.

ケン : **Are you** a full-timer or a part-timer?

ジュディ : I'm a full-timer.

ケン : **Does your company have** any part-timers?

ジュディ : Yes. We have about 50 staff members, and half of them are part-timers.

和訳
ケン　　：仕事は新宿の近くですか。
ジュディ：ええ。駅のすぐそばなんです。
ケン　　：フルタイムで働いているのですか,それともパート?
ジュディ：私はフルタイムです。
ケン　　：あなたの会社にはパートの人はいますか。
ジュディ：はい。うちには50人くらい従業員がいて,そのうちの半分はパートです。

6 仕事について尋ねる

My フレーズをつくろう

★印は WebのMyフレーズリストへ　➡ 詳細 p.9

以下の空欄に，自分自身に当てはまる言葉を入れ，声に出して練習してみましょう。

Do you work .... ?
　　　　　　　　　　★会社の場所・環境

Does your company .... ?
　　　　　　　　　　　　　★会社の特徴

もっと使ってみよう

013　このレッスンの文法項目を使った例文をさらに見てみましょう。

❶ Is this your new office?
ここがあなたの新しい職場ですか。

❷ Are you ready for the meeting?
会議の準備はできていますか。
（!）会議の準備をしている同僚に一言。「必要であれば手伝うよ」と続けると，より自然な表現に。

❸ Are you familiar with this software?
このソフトに詳しいですか。

❹ Do you know much about computers?
コンピュータについてよく知っていますか。
（!）「〜について教えて」と頼む前に，この言葉を添えてみましょう。

❺ Does your company have any branch offices in the US?
あなたの会社はアメリカに支店がありますか。

⑥ 応用 Do you have a manual in here?
マニュアルはここに置いてありますか。

重要語句	□ close to 〜	〜に近い	□ full-timer	フルタイムで働く人
	□ be ready for 〜	〜の準備ができて		
	□ be familiar with 〜	〜についてよく知っている		
	□ branch office	支店，支社		

LESSON 7 職場の場所を尋ねる

ここで使う文法 疑問詞を含む疑問文

ビジネスにおいて、5W1H（Where, When, What, Who, Why と How）はとても重要な言葉です。質問の中核になる部分なので、文頭に置いて相手の注意を引きつけます。

文法要点チェック！ ➡ p.162

◆ ジュディと別れて (014)

ケン	: See you, Judy. Nice talking to you.
ジュディ	: Bye for now.
ケン	: **Where** is her office, Lisa?
リサ	: It's on the 1st floor of that building. She works on the customer service counter. By the way, **how**'s your new project going, Ken?
ケン	: Quite fine. I have a presentation about the project this afternoon.

和訳
ケン ：ではまた、ジュディ。お話できて楽しかったです。
ジュディ：じゃあまた。
ケン ：リサ、彼女の職場はどこにあるの？
リサ ：あのビルの1階よ。受付窓口にいるの。ところで、あなたの新しいプロジェクトはどんな具合なの、ケン？
ケン ：順調だよ。今日の午後、そのプロジェクトについてのプレゼンがあるんだ。

7 職場の場所を尋ねる

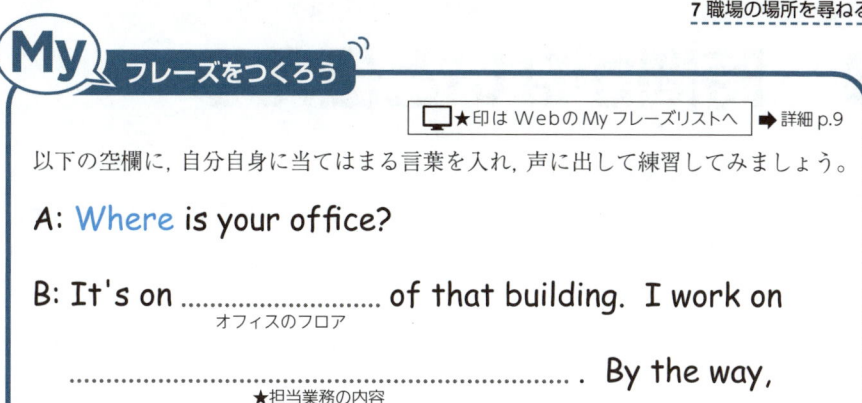

My フレーズをつくろう

★印は WebのMyフレーズリストへ　→詳細 p.9

以下の空欄に，自分自身に当てはまる言葉を入れ，声に出して練習してみましょう。

A: **Where** is your office?

B: It's on .... of that building. I work on
　　　　　　オフィスのフロア

.... By the way,
　　　★担当業務の内容

how's your .... going?
　　　　　　★調子を尋ねたい内容

もっと使ってみよう

015　このレッスンの文法項目を使った例文をさらに見てみましょう。

❶ **How**'s work?
仕事はどう？

❷ **How** is everything?
調子はどうですか。
! 久しぶりに会った友人に近況を聞きたい時にピッタリな表現。

❸ **Where**'s the meeting room?
会議室はどこですか。
! 初めて行ったオフィスで迷った時も，緊張せずにこの言葉が出てくれば大丈夫。

❹ **Where** do you work?
どちらにお勤めですか。

❺ **What**'s his position?
彼の役職は何ですか。

応用
❻ **What kind of** business does your company do?
御社はどのような事業をなさっているのですか。

重要語句	□ **Bye for now.**	今のところはさようなら。		
	□ **customer service counter**	受付窓口		
	□ **by the way**	ところで	□ **quite**	かなり
	□ **presentation**	プレゼンテーション	□ **position**	役職，地位

LESSON 8 時間がないと伝える

ここで使う文法 否定文

「時間がない」「今日は空いていない」「プログラムがうまくいかない」などの否定文の作り方を確認します。否定文は問題提起によく使われます。

📖 文法要点チェック！ ➡ p.163

🔊 016 ◆同僚のボブがケンに声をかける

ボブ ：Ken, do you have time now? I need some help.

ケン ：Sorry, I **don't have** enough time right now.

ボブ ：Then are you free this afternoon?

ケン ：I'm very sorry, but **I'm not** free today at all. I have a presentation this afternoon. What's wrong?

ボブ ：This program **doesn't work** well. **I'm not** familiar with this software.

ケン ：I **don't know** the application, either. Ask someone else.

和訳 ボブ：ケン，今時間ある？ ちょっと手伝ってほしいんだけど。
ケン：ごめん，今は時間があまりないんだ。
ボブ：それなら，今日の午後は空いてる？
ケン：本当に悪いんだけど，今日は全然空いていないんだ。午後からプレゼンがあるんだよ。どうしたの？
ボブ：このプログラムがうまく動かないんだ。僕はこのソフトはあまりよく知らなくて。
ケン：僕もそのアプリケーションは知らないな。誰か他にあたってみて。

8 時間がないと伝える

 フレーズをつくろう

★印は WebのMyフレーズリストへ　➡ 詳細 p.9

以下の空欄に，自分自身に当てはまる言葉を入れ，声に出して練習してみましょう。

A: Are you free this afternoon?

B: I'm very sorry, but ....
　　　　　　　　　　　　　★断りの表現（否定文を使って）

　　What's wrong?

A: ....
　　　　　　　　　★トラブルの内容（否定文を使って）

もっと使ってみよう

017 このレッスンの文法項目を使った例文をさらに見てみましょう。

❶ He isn't in the office now.
　彼は今社内におりません。

❷ I don't think so.
　そうは思いません。
　❗ 自分の意見が相手と異なる時に，まずこの表現でしっかりと伝えましょう。

❸ I don't know anything about this software.
　このソフトについてはまったく知りません。

❹ This copy machine doesn't work.
　このコピー機は壊れています。
　❗ 何かが作動しない時に便利な表現。主語を変えるともっと使える場面が増えますね。

応用
⑤ Mr. Green is not available at the moment.
　グリーン氏は今手が離せません。

重要語句	□ have time	時間がある	□ enough	十分な
	□ What's wrong?	何か悪いことがあるの？〔どうしたの？〕		
	□ work	作動する，うまくいく		
	□ application	アプリケーションソフト		
	□ ~ not ... either	～もまた…ない	□ someone else	誰か他の人
	□ copy machine	コピー機	□ available	手が空いている，利用できる

LESSON 9 部下に指示を出す

ここで使う文法 命令文

日本語では「…しろ」という文はめったに使いませんが，英語では命令文を気軽に使います。特に上司が部下に何かを命じる時には，命令文を使うと意思が迅速に伝わります。

📖 文法要点チェック！ ➡ p.163

🔊 018 ◆上司に呼びとめられるケン

上司 ：Ken, **come** this way. Are you ready for today's presentation?

ケン ：Well, almost...

上司 ：**Make** the draft and **bring** it to me by noon. And **e-mail** the file to Mr. Yoshida at the Yokohama office. After that, **phone** Mr. Yoshida and **answer** his questions.

ケン ：Certainly.

和訳 上司：ケン，ちょっとこちらに来てくれ。今日のプレゼンの準備はできているかね？
ケン：ええと，まあだいたい…
上司：ドラフトを作って，昼までに私のところへ持ってきてほしいんだ。それと，そのファイルを横浜支店の吉田さんのところへメールで送っておいてくれ。送ったら吉田さんに電話をして，彼から何か質問があれば答えておいてくれ。
ケン：わかりました。

9 部下に指示を出す

My フレーズをつくろう

★印は WebのMy フレーズリストへ　➡ 詳細 p.9

以下の空欄に，自分自身に当てはまる言葉を入れ，声に出して練習してみましょう。

A: .... and ....
　　★部下への指示内容（命令文を使って）①　　　★部下への指示内容（命令文を使って）②

B: Certainly.

もっと使ってみよう

019　このレッスンの文法項目を使った例文をさらに見てみましょう。

❶ **Follow** me.
　私についてきてください。

❷ **Leave** it to me.
　私に任せておいて。

❸ **Give** me a couple of days.
　2，3日時間をください。
　(!) 何かを頼まれた時，時間が欲しいことを伝える表現です。

❹ **Sort** out these documents.
　この書類を整理してくれ。

⑤(応用) **Do** it right away.
　今すぐにやってくれ。
　(!) 部下に指示する時に使える表現。

⑥(応用) Please **take** care of the project.
　そのプロジェクトをよろしく頼みますよ。

重要語句	☐ this way	こちらへ	☐ draft	下書き，案
	☐ e-mail	〜をEメールで送る		
	☐ Certainly.	承知しました。	☐ a couple of 〜	2，3の〜
	☐ sort out	〜を整理する	☐ take care of 〜	〜を責任もって引き受ける

35

LESSON 10 今していることを伝える

ここで使う文法 現在進行形

「何をしているんだい？」「今…しているところなんだ」という応答はビジネスにはつきものですね。このような時に大活躍するのが，このレッスンで扱う現在進行形です。

📖 文法要点チェック！ ➡ p.163

🔊 020 ◆慌ただしくプレゼンの準備をしているケン

ボブ ：Ken, what **are** you **doing** in such a hurry?

ケン ：I**'m preparing** the draft of the presentation for today. I**'m making** some documents on the PC, but they're not good enough. I**'m thinking** about something very impressive.

和訳 ボブ：ケン，そんなに急いで何をしているんだい？
　　　ケン：今日のプレゼンのドラフトを作っているんだ。パソコンでいくつか資料を作っているんだけど，なんかイマイチなんだよなあ。すごくインパクトのあるものが何かないかって，考えてるんだけど。

10 今していることを伝える

My フレーズをつくろう

★印は Web の My フレーズリストへ　→詳細 p.9

以下の空欄に，自分自身に当てはまる言葉を入れ，声に出して練習してみましょう。

A: What are you doing in such a hurry?

B: I'm ....
　　　　　　　★急ぎの仕事の内容（現在進行形を使って）

もっと使ってみよう

021 このレッスンの文法項目を使った例文をさらに見てみましょう。

❶ **Everything's going well.**
すべてはうまくいっています。
　⚠ プロジェクトの進捗を聞かれた時に，このように応じることができたら信頼度がアップしますね。

❷ **Mr. Okamoto is expecting you.**
岡本様がお待ちです。

❸ **I'm working for Mr. Jones now.**
私は今ジョーンズさんのもとで働いています。

❹ **I'm having a hard time with this campaign.**
このキャンペーンでは苦労しています。

⑤(応用) **This product is selling well.**
この製品はよく売れています。

⑥(応用) **I'm visiting the Osaka office next week.**
来週大阪支店に行くことになっています。
　⚠ 未来を表す表現として，自分の予定を言い表すことができるのも現在進行形。

重要語句			
☐ **in such a hurry**	そんなに急いで	☐ **document**	書類，資料
☐ **good enough**	十分によい	☐ **impressive**	印象的な
☐ **expect**	〜が来るのを待つ	☐ **have a hard time with 〜**	〜に苦戦する
☐ **sell well**	売れ行きがよい		

英語で言ってみよう！②

次の日本語の文を英語に直して言ってみましょう。わからなければ，右ページの解答例とともに示されている ➡ のページに戻って復習してください。

① あなたはこの事務所の責任者ですか。

できたら
チェック！

_____ ☐

② この種の仕事の経験はありますか。
　＊この種の ＝ this kind of ～

_____ ☐

③ あなたの新しい仕事はどうですか。

_____ ☐

④ 本社はどこにありますか。
　＊本社 ＝ head office

_____ ☐

⑤ 私は今ひまではありません。
　＊ひまな ＝ free

_____ ☐

⑥ その製品についてはまったく知りません。

_____ ☐

⑦ こちらに来てくれ。

_____ ☐

⑧ プレゼン用の資料を作っているところです。

_____ ☐

英語で言ってみよう！②

[解答例]
① Are you the manager in this office? ➡ p.28
② Do you have any experience of this kind of work? ➡ p.28
③ How's your new job? ➡ p.30
④ Where's the head office? ➡ p.30
⑤ I'm not free now. ➡ p.32
⑥ I don't know anything about the product. ➡ p.32
⑦ Come this way. ➡ p.34
⑧ I'm making some documents for the presentation. ➡ p.36

ここでも使える！　〜アンケート〜

店などで目にするアンケートでは，以下のような言い回しがよく使われます。Lesson 9 に登場した命令文と please を一緒に使うと丁寧な依頼の表現になります。

Thank you for dining at Memorial Restaurant. Please fill out this questionnaire to help us improve our service.

[和訳]
メモリアルレストランにお越しいただきありがとうございます。サービス改善のために，こちらのアンケートにご協力ください。

LESSON 11 改善策を提案する

ここで使う文法 Let's ... .

Let's は後ろに動詞の原形を続け,「…しよう」「…しましょう」と相手に呼びかける表現です。ビジネスでは, 語りかけながらいかにうまく相手を引き込むかがとても重要になります。

◆ボブに資料作成の手助けを頼むケン

ケン ：Bob, I need some help. Do you have any good ideas? Please help me out here.

ボブ ：Well, all right. **Let's** make some documents with this presentation software and display them on the screen.

ケン ：I like that. **Let's** do it.

和訳 ケン：ボブ, ちょっと手助けしてほしいんだ。何かいいアイデアはないかな。手伝ってくれるかい。
ボブ：うーん, そうだね。このプレゼンソフトを使って資料を作ってみよう。それをスクリーンで表示させるんだ。
ケン：いいね。それでいこう。

11 改善策を提案する

My フレーズをつくろう

★印は Web の My フレーズリストへ　→詳細 p.9

以下の空欄に、自分自身に当てはまる言葉を入れ、声に出して練習してみましょう。

A: I'm making the documents for the presentation and I need some help. Do you have any good ideas?

B: Let's ....

★具体的な解決策

もっと使ってみよう

024 このレッスンの文法項目を使った例文をさらに見てみましょう。

❶ Let's take a break.
ちょっと休憩にしよう。
　⚠ 仕事の合間や会議の合間に、こんな言葉で進行を一段落させることができます。

❷ Let's discuss this later.
後でこの件について話し合いましょう。

❸ Let's look at the first page.
1ページ目を見てみましょう。
　⚠ 会議やプレゼンの進行の際に使えます。出席者の注意を引くことができる表現です。

❹ Let's start the meeting.
会議を始めましょう。

❺ Let's start from the beginning.
最初からやり直しましょう。

❻ Let's run through the main topics of the meeting.
会議の主な議題に目を通しておきましょう。

重要語句			
☐ help ~ out	~を助ける	☐ display	~を表示する
☐ take a break	休憩する	☐ discuss	~を話し合う
☐ run through ~	~に目を通す	☐ topic	話題, 議題

LESSON 12 使える機能を伝える

ここで使う文法 助動詞 can

「…することは可能だ」と言う時，動詞とあわせて助動詞の can が使われます。ビジネスでは，多くの場面で「できる / できない」を明確にすることが求められるので，can は重要な語です。

📖 文法要点チェック！ ➡ p.163

🔊 025 ◆ボブからソフトの使い方を教わる

ボブ ： You **can** use software like this. You **can** make great presentations with it.

ケン ： I don't know that software at all. **Can** you show me?

ボブ ： Sure. Look. You **can** move both letters and figures around the screen. Just click here.

和訳
ボブ：ソフトはこんなふうに使えるんだ。これを使うと，非常に効果的なプレゼンをすることができるよ。
ケン：僕はそのソフトのことは全然知らないんだ。教えてくれるかい？
ボブ：もちろん。見て。文字でも図でも，スクリーン上で動かせるんだ。ちょっとここをクリックしてみて。

12 使える機能を伝える

My フレーズをつくろう

★印は Web の My フレーズリストへ　➡詳細 p.9

以下の空欄に，自分自身に当てはまる言葉を入れ，声に出して練習してみましょう。

A: You can use .... like this.
　　　　　　　★機器，設備など

B: I don't know that .... at all.
　　　　　　　　　　★機器，設備など

　Can you show me?

もっと使ってみよう

026 このレッスンの文法項目を使った例文をさらに見てみましょう。

❶ She can handle any customer inquiries.
　彼女はお客様からのどんな問い合わせにもうまく対応できます。

❷ Can I see you on Monday morning?
　月曜日の朝，お会いできますか。

❸ Can I speak to Mr. Green?
　(電話で) グリーンさんをお願いします。
　❗ 電話で名乗った後に使える表現です。電話での決まり文句なので覚えておきましょう。

❹ What time can I meet you?
　何時にお会いできますか。

❺(応用) We can't accept your offer.
　ご提案をお受けすることはできません。

❻(応用) We can't make any further reduction.
　これ以上お値引きはできません。
　❗ ビジネスシーンでよくある，価格交渉の場面で使えます。

重要語句			
□ both A and B	A も B も両方	□ letter	文字
□ figure	図，図表	□ click	クリックする
□ handle	～をうまく処理する	□ inquiry	問い合わせ
□ accept	～を受け入れる	□ reduction	値引き

LESSON 13 電話の取り次ぎを頼む

ここで使う文法 電話での受け答え

ビジネスにおいて電話での会話は欠かせません。ここでは，電話での受け答えの基本となる表現を確認します。「こちらは〜です」と言う時，英語では 'This is 〜.' で表します。

◆横浜支店に電話をかける

ケン : Hello, **this is** Kentaro Shimada of the Sales Department. **Can I speak to** Mr. Yoshida?

受付 : **Hold on a minute.** ... I'm very sorry, but he's out of the office. **Can I take a message?**

ケン : Well..., no, thank you. **I'll call him later.**

和訳 ケン：もしもし。営業部の島田健太郎と申します。吉田さんをお願いできますか。
受付：少々お待ちください。…大変申し訳ありません，吉田さんはただいま外出中です。伝言をお預かりしましょうか。
ケン：そうですか…，いいえ，結構です。また後でこちらからかけ直します。

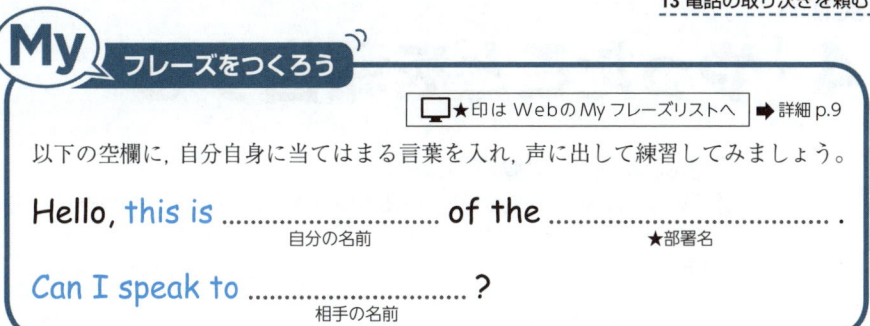

13 電話の取り次ぎを頼む

My フレーズをつくろう

★印は WebのMyフレーズリストへ　➡詳細p.9

以下の空欄に，自分自身に当てはまる言葉を入れ，声に出して練習してみましょう。

Hello, this is .... of the ....
　　　　　　　　自分の名前　　　　　　　　　　★部署名

Can I speak to .... ?
　　　　　　　　相手の名前

もっと使ってみよう

028　このレッスンの文法項目を使った例文をさらに見てみましょう。

❶ Hello. This is Mr. Takeyama from BIG Company.
もしもし。BIG社の竹山と申します。

❷ Can I speak to Ms. Brown?
ブラウンさんをお願いできますか。

❸ Speaking.
私です。
> 電話に出ているのが自分だと相手に伝えたい時の表現。意外ととっさに出ない人が多いようです。

❹ Hold the line, please.
お待ちください。
> 電話を取り次ぐ際，相手を待たせる時に使う表現です。

❺ Please call me back later.
後で折り返し電話をください。

⑥応用 You have the wrong number.
番号をお間違えのようです。

重要語句			
☐ Can I speak to ～？	（電話で）～さんをお願いします。		
☐ hold on	電話を切らずに待つ	☐ out of the office	外出中で
☐ take a message	伝言を受ける		

LESSON 14 やったことを報告する

ここで使う文法 一般動詞の過去形

上司への報告には一般動詞の過去形が便利です。過去形は，「いつやったか」を尋ねられた際に，「昨日」「先週」などと，時を明確に答えられるケースに用います。

📖 文法要点チェック！ ➡ p.163

🔊 029 ◆上司に資料を提出する

ケン ： I **prepared** 2 types of document for the presentation. Please look through them.

上司 ： All right. Well done.

ケン ： And I **e-mailed** them to Mr. Yoshida just now.

上司 ： Good. **Did** you **do** these all by yourself?

ケン ： Well, my co-worker Bob Hart **helped** me a lot. He **gave** me some advice.

上司 ： I see. Come to me again after lunch.

和訳
ケン：プレゼンの資料を2種類用意しました。目を通しておいていただけますか。
上司：わかった。がんばったようだね。
ケン：それと吉田さんに，たった今メールでその資料を送っておきました。
上司：ありがとう。この資料は全部君が作ったのかね？
ケン：ええと，同僚のボブ・ハートにたくさん手伝ってもらいました。いくつかアドバイスをしてもらいました。
上司：なるほど。では昼食後にまた私のところに来てくれ。

14 やったことを報告する

My フレーズをつくろう

★印は Web の My フレーズリストへ　➡ 詳細 p.9

以下の空欄に、自分自身に当てはまる言葉を入れ、声に出して練習してみましょう。

A: I prepared .... for the presentation.
　　　　　　　★プレゼンに必要なもの

B: Good. Did you do these all by yourself?

A: Well, my co-worker .... helped me a lot.
　　　　　　　　　　　　　　同僚の名前

もっと使ってみよう

030　このレッスンの文法項目を使った例文をさらに見てみましょう。

❶ I called you this morning.
今朝電話したのですが。

❷ The copy machine broke down.
コピー機が壊れてしまいました。

❸ This music player just came in today.
この音楽プレーヤーは今日入荷したところです。

❹ Did you make an appointment?
お約束いただきましたでしょうか。
(!) 取引先の会社を訪問した際、受付でこのように言われるかもしれませんね。

❺ Did you finish the work?
その仕事は終わりましたか。

❻ (応用) You did a good job.
よくやってくれたよ。
(!) 部下や同僚の仕事ぶりを称える時に使える表現。good を great に置き換えても使えます。

重要語句			
☐ prepare	～を準備する	☐ look through ～	～に目を通す
☐ Well done.	よくやった。	☐ all by yourself	まったく自分一人で
☐ break down	壊れる	☐ come in	入荷する

LESSON 15 どんな状況だったか伝える

ここで使う文法 be 動詞の過去形

ビジネスシーンで耳にするクレームに「～ではなかった」という文はつきものです。「正しくなかった」「最新版ではなかった」などの文は，wasn't / weren't を使って表します。

📖 文法要点チェック！ ➡ p.163

🔊 031 ◆取引先からの電話の内容を報告するリサ

リサ ：Did you make a sales call at Justin Corporation yesterday?

ケン ：Yes, I did. I took a brochure and a price list of our new products with me.

リサ ：They called right now. The price list **wasn't** the latest. You took the wrong one.

ケン ：Oh, no. I am very sorry. **Were** they angry on the phone?

リサ ：No, but they are in a hurry for the current price list.

和訳
リサ：あなた昨日，ジャスティン社に営業に行った？
ケン：うん，行ったよ。新製品のパンフレットと価格表を持って行ったんだ。
リサ：ちょうど今電話があったのよ。価格表が最新版じゃなかったんだって。間違ったものを持って行ったみたいよ。
ケン：しまった。本当にごめん。先方は電話でお怒りだった？
リサ：いいえ，でも最新の価格表を早く欲しいらしいわ。

15 どんな状況だったか伝える

My フレーズをつくろう

★印は Web の My フレーズリストへ　➡ 詳細 p.9

以下の空欄に，自分自身に当てはまる言葉を入れ，声に出して練習してみましょう。

A: I took a price list with me.

B: They called right now.

　The price list ....
　　　　　　　　★提出物の状態（be 動詞の過去形を使って）

A: Oh, no. I am very sorry.

もっと使ってみよう

032　このレッスンの文法項目を使った例文をさらに見てみましょう。

❶ Figures were incorrect.
数値は正確ではありませんでした。

❷ I was in Fukuoka last Friday on business.
この前の金曜日は出張で福岡にいました。

❸ How was the meeting today?
今日の会議はどうでしたか。
　(!) 会議に出られなかった際，同僚にこんな表現を使って感想を聞いてみましょう。

❹ Why were you late for today's meeting?
なぜ今日の会議に遅れてきたのですか。

❺ The item wasn't the same as the sample.
商品がサンプルと同じではありませんでした。

応用
⑥ We were in the red last month.
先月は赤字でした。
　(!) 売上報告をする際に使える表現です。'in the black' だと「黒字」となります。

重要語句				
☐ make a sales call	得意先を回る，営業の電話をかける			
☐ brochure	パンフレット	☐ the latest	最新版
☐ in a hurry for ~	~を急いで欲しがっている		
☐ incorrect	正しくない	☐ item	商品，品物
☐ in the red	赤字で		

英語で言ってみよう！③

次の日本語の文を英語に直して言ってみましょう。わからなければ，右ページの解答例とともに示されている ➡ のページに戻って復習してください。

① ここで休憩にしよう。

_____

② それは明日にしよう。

_____

③ こんなふうにそのシステムを使うことができますよ。

_____

④ もしもし，経理部の田中です。
　＊経理部 = the Accounting Department

_____

⑤ ターナーさん（女性）をお願いします。

_____

⑥ ホワイトさん（男性）にEメールを送っておきました。

_____

⑦ これらのフォルダを全部あなたが整理したんですか。
　＊〜を整理する = sort out 〜

_____

⑧ 価格表が最新版ではありませんでした。

_____

英語で言ってみよう！③

033

[解答例]

① Let's have a break now. ➡ p.40
② Let's do it tomorrow. ➡ p.40
③ You can use the system like this. ➡ p.42
④ Hello. This is Mr. Tanaka of the Accounting Department. ➡ p.44
⑤ Can I speak to Ms. Turner, please? ➡ p.44
⑥ I sent an e-mail to Mr. White. ➡ p.46
⑦ Did you sort out these folders all by yourself? ➡ p.46
⑧ The price list wasn't the latest. ➡ p.48

ここでも使える！　〜メモ〜

仕事で日常的に使うメモ。不在時の電話などを伝える時には，Lesson 14・15で学んだ動詞の過去形を使えば，何があったかを具体的に書き残すことができます。

I got a call from Ms. Satsuki Takahashi while you were away.

She is the manager of the HR department.

Please call her back when you come back.

[和訳]
外出している間に，高橋さつきさんからお電話がありました。
彼女は，人事部の責任者です。
お戻りになったら，折り返しお電話をお願いします。

LESSON 16 どんなもの・人かを伝える

ここで使う文法 形容詞

形容詞には2通りの使われ方があります。英文に登場する brand-new も，a brand-new suit のように名詞の前にも使えるし，It's brand-new. のように，動詞の後にも使えます。

文法要点チェック！ ➡ p.164

◆午前中の仕事が一段落して

ケン： Your suit is **cool**. Where did you buy it?

ボブ： Thanks. It's **brand-new**. This **yellow** tie is, too.

ケン： **Wonderful**. By the way, how is your **new** assistant?

ボブ： She's very **nice, accurate** in her work, and **well-mannered**. She does a **great** job.

和訳
ケン：君のスーツ，かっこいいね。どこで買ったの？
ボブ：ありがとう。新品なんだ。この黄色いネクタイもね。
ケン：すごいね。ところで，君のところの新しいアシスタントの人はどんな感じだい？
ボブ：すごくいいよ，仕事も正確で礼儀正しいし。すごく仕事のできる人だよ。

16 どんなもの・人かを伝える

My フレーズをつくろう

★印は WebのMyフレーズリストへ　→詳細p.9

以下の空欄に、自分自身に当てはまる言葉を入れ、声に出して練習してみましょう。

A: Your suit is ....
　　　　　　　　★ものをほめる形容詞

B: Thanks.

A: By the way, how is your new assistant?

B: She's .... and...................... person.
　　　　　★人をほめる形容詞　　　　★人をほめる形容詞

もっと使ってみよう

035　このレッスンの文法項目を使った例文をさらに見てみましょう。

❶ All members are very competent.
　メンバーは全員とても有能です。

❷ Is this function really necessary?
　この機能は本当に必要でしょうか。

❸ We need a very capable secretary.
　本当に能力のある秘書が必要だ。

❹ Tell me about some successful examples.
　成功例をいくつか教えてくれ。

❺ His ideas are always good and original.
　彼の考えはいつもすばらしく、また独創的だ。
　(!) 誰かをリーダーとして推したい時など、その人がなぜ適任かを説明する表現としてピッタリです。

応用
❻ This program is a little too complicated.
　このプログラムは少し複雑すぎます。
　(!) 「このプログラムどう？」と聞かれた時、こんなふうに感想を言えたらいいですね。

重要語句	☐ cool	かっこいい	☐ brand-new	まっさらの、新品の
	☐ accurate	正確な	☐ well-mannered	マナーのよい
	☐ competent	有能な	☐ function	機能
	☐ necessary	必要な	☐ capabele	能力がある
	☐ complicated	複雑な		

53

LESSON 17 「一緒に行こう」と誘う

ここで使う文法 Why don't you [we] …?

「…しませんか」と相手に誘いかける時には，'Why don't you …?' で表します。「なぜ…しないのですか」という直訳とはニュアンスが異なるので注意してください。

◆週末の話をするケンとボブ

ボブ ：We're going golfing next Sunday. **Why don't you** come and join us?

ケン ：You're going with the clients as well, right? I don't like business golf. **Why don't we** play on our own some other time?

ボブ ：All right. How about some time at the end of this month?

和訳 ボブ：今度の日曜日，ゴルフに行くんだ。一緒に来ない？
ケン：お客さんと一緒に行くんだろ。接待ゴルフはちょっと苦手なんだ。今度また別の時に僕たちだけで行かないか？
ボブ：いいよ。今月末あたりどうだい？

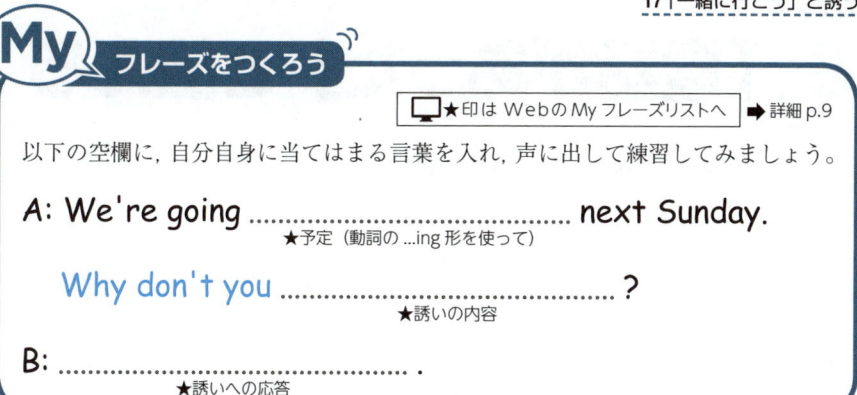

17「一緒に行こう」と誘う

My フレーズをつくろう

★印は WebのMyフレーズリストへ　➡ 詳細 p.9

以下の空欄に，自分自身に当てはまる言葉を入れ，声に出して練習してみましょう。

A: We're going .... next Sunday.
　　　　　　　　★予定（動詞の...ing形を使って）

　Why don't you .... ?
　　　　　　　　　　　★誘いの内容

B: ....
　　★誘いへの応答

もっと使ってみよう

037　このレッスンの文法項目を使った例文をさらに見てみましょう。

❶ **Why don't you look it up on the Internet?**
　インターネットで調べてみたら？
　❗ 人に「…したらどう？」と提案することができるのがこの表現。

❷ **Why don't you try another company?**
　別の会社にあたってみたらどう？

❸ **Why don't we use this application for it?**
　それにはこのアプリケーションを使ってみようか。
　❗ 提案する人が自分も対象に含めて「…しよう」と言う時は'Why don't we ... ?'を使います。

❹ **Why don't we call him once again?**
　彼にもう一度電話してみようか。

❺ **Why don't we suggest another plan for them?**
　彼らにはもう一つのプランを提案してみたらどうだろう。

応用
⑥ **Why don't you ask him?**
　彼に尋ねてみたら？
　❗ 自分が質問に答えられず，他の誰かに尋ねてほしい場合には，こんなフレーズで乗り切ってみましょう。

重要語句				
☐ go golfing	ゴルフに行く	☐ join	〜に加わる
☐ client	得意先，顧客	☐ business golf	接待ゴルフ
☐ on our own	自分たちだけで	☐ How about 〜?	〜はどうですか。
☐ look up	（言葉など）を調べる		
☐ suggest	〜を提案する		

LESSON 18 「電話があった」と伝える

ここで使う文法 There is [are] 〜．

「あなたに伝言がありますよ」は，'There is a message for you.' と言います。「〜があります」「〜がありますか」という，何かの存在を伝える頻出表現は there を使って表します。

📖 文法要点チェック！ ➡ p.164

🔊 038 ◆ケンが席に戻ると…

リサ ：Ken, there was a phone call from Mr. Yoshida. Call him back as soon as you can.

（ケンが吉田さんに電話する）

吉田氏：Hello. I called because there are some mistakes in your documents.

ケン ：Really? I already passed them on to the manager. Anyway, what is the problem? … I see. Is there anything else? OK. Thank you. See you at the meeting.

和訳 リサ ：ケン，吉田さんから電話があったわよ。できるだけ早くかけ直して。
（ケンが吉田さんに電話する）
吉田氏：もしもし。君の送ってくれた資料にいくつか誤りがあるので電話したんだよ。
ケン ：本当ですか。もう部長に渡してしまったのですが。それで，どこがおかしいんですか。…わかりました。他にはありますか。了解です。ありがとうございました。では，会議でまた。

18「電話があった」と伝える

My フレーズをつくろう

★印は WebのMyフレーズリストへ　→詳細 p.9

以下の空欄に、自分自身に当てはまる言葉を入れ、声に出して練習してみましょう。

A: There was ....
　　　　　　　　★不在中にあったこと

B: (電話で) Hello.

　I called because there are ....
　　　　　　　　　　　　　　　　　　　　★電話した理由

もっと使ってみよう

039　このレッスンの文法項目を使った例文をさらに見てみましょう。

❶ There's a phone call for you.
　あなたにお電話です。
　⚠ 電話を誰かに取り次ぐ際に使える表現です。

❷ There is some information about our company here.
　こちらに当社の情報が載っています。

❸ There were no mistakes in your report. It was perfect.
　君の報告書には一つも間違いがなかったよ。完璧だった。

❹ There was someone to see you this morning.
　今朝、ご面会の方がいらっしゃいました。

❺(応用) There's a lot of work to do today.
　今日はやるべき仕事が山ほどあります。

❻(応用) Was there anything important in the meeting?
　会議では何か重要なことがありましたか。
　⚠ 会議の内容について、相手からより具体的に聞き出すことができます。

重要語句	☐ call back	電話をかけ直す	☐ as soon as you can	できるだけ早く
	☐ mistake	間違い	☐ pass ~ on	~を渡す
	☐ anyway	とにかく	☐ problem	問題

LESSON 19 受けた印象を伝える

ここで使う文法 look, become などを使った文

be 動詞を使って 'A is B.' と言えば、「A は B である」と断定することになりますが、「A は B のようだ」など推測を表す時はどう言うのでしょう。look などの特別な使い方を確認しましょう。

📖 文法要点チェック！➡ p.164

🔊 040 ◆プレゼンを直前に控えて

上司 ： I looked through these documents.
ケン ： Thank you.
上司 ： You **look** tired. Are you all right?
ケン ： I'm fine. **I'm becoming** a little nervous before the presentation.
上司 ： Don't **get** nervous. Calm down, and do your best. You will do fine, I'm sure.
ケン ： Thank you.
上司 ： What about going out for a drink after work? Are you free this evening?
ケン ： **Sounds** good.

和訳 上司：この資料，見させてもらったよ。
　　ケン：ありがとうございます。
　　上司：ちょっと疲れているようだが，大丈夫かね？
　　ケン：大丈夫です。プレゼンの前で少し緊張しているんです。
　　上司：不安に思わなくていい。落ち着いて，ベストを尽くせばいいんだから。君ならきっとうまくやれる，間違いないよ。
　　ケン：ありがとうございます。
　　上司：仕事が終わったら一杯どうかね？今晩空いているかな。
　　ケン：いいですね。

19 受けた印象を伝える

My フレーズをつくろう

★印は Web の My フレーズリストへ ➡ 詳細 p.9

以下の空欄に，自分自身に当てはまる言葉を入れ，声に出して練習してみましょう。

A: You look .... Are you all right?
　　　　　　★相手の様子

B: I'm fine. I'm becoming a little ....
　　　　　　　　　　　　　　　　　　　　★心境

before the presentation.

もっと使ってみよう

041　このレッスンの文法項目を使った例文をさらに見てみましょう。

❶ You look so busy.
　すごく忙しそうだね。

❷ Your report looks perfect.
　君の報告書は完璧のようだ。

❸ That campaign seems successful.
　あのキャンペーンは成功しているようです。

❹ Everything seems fine so far.
　ここまではすべて順調のようです。
　　❗担当しているプロジェクトについて聞かれたら，こんなふうに答えられますね。

❺ I feel tired today.
　今日は少し疲れているんです。

❻ I'm getting used to the new job.　（応用）
　新しい仕事に徐々に慣れてきています。
　　❗get used to ～ で「～に慣れる」。自分の状況を説明するのに役立ちます。

重要語句			
☐ look through	～に目を通す	☐ tired	疲れた
☐ nervous	心配な，緊張して	☐ calm down	落ち着く
☐ do one's best	全力を尽くす	☐ what about ～?	～はどうですか。
☐ go out for a drink	飲みに行く	☐ campaign	キャンペーン

LESSON 20 見せてほしいと求める

ここで使う文法 give, show などを使った文

ビジネスは相手があって初めて成り立ちます。「〜(人)に…(もの)を渡す」、「〜(人)に…(もの)を見せる」などの状況で使う, give や show を使った文の形を確認しておきましょう。

📖 文法要点チェック！ ➡ p.164

042 ◆営業先のジャスティン社に謝罪の電話をかけるケン

ケン : I'm very sorry. I **gave** you the old brochure and price list. Can I visit you this afternoon and bring the latest ones?

担当者 : Of course, please. Can you **show** us some samples of the new products then, too?

ケン : Certainly. Are you available around 4?

担当者 : Can you make it a little later? We have a meeting until 4.

和訳
ケン : 大変申し訳ありません。古いパンフレットと価格表をお渡ししてしまったようで。今日の午後にお伺いして最新版をお渡ししたいのですが，よろしいですか。
担当者 : ええ，お願いします。それでしたら，新製品のサンプルもあわせて見せていただけませんか。
ケン : 承知しました。4時頃のご都合はいかがですか。
担当者 : もう少し後でもいいですか。4時まで会議が入っていますので。

20 見せてほしいと求める

My フレーズをつくろう

★印は WebのMy フレーズリストへ　➡ 詳細 p.9

以下の空欄に，自分自身に当てはまる言葉を入れ，声に出して練習してみましょう。

A: Can you show us ....?
　　　　　　　　　　★見せてほしいもの

B: Certainly. Are you available around ....?
　　　　　　　　　　　　　　　　　　　　　　　訪問する時間

もっと使ってみよう

043　このレッスンの文法項目を使った例文をさらに見てみましょう。

❶ Bring me the copies, please.
　そのコピーをこちらに持ってきてください。

❷ Please show me the catalog.
　そのカタログを見せてください。

❸ Please e-mail me a map showing the way to your office.
　御社への行き方のわかる地図をメールで送ってください。

❹ I gave him a call yesterday, but he wasn't in the office.
　彼に昨日電話しましたが，不在でした。

❺ We can give you more information about the product.
　その製品についてのより詳しい情報を差し上げます。

⑥ 応用 Can you offer us a 10% discount?
　10％値引きしてもらえますか。

(!) 値引き交渉の場面で使える表現。はっきりと要望を伝えるために，ぜひ覚えておきましょう。

重要語句	☐ price list	価格表	☐ sample	サンプル
	☐ until	〜まで	☐ offer A B	AにBを提供する
	☐ discount	値引き		

英語で言ってみよう！④

次の日本語の文を英語に直して言ってみましょう。わからなければ，右ページの解答例とともに示されている ➡ のページに戻って復習してください。

① 彼の仕事はとても正確で，かつ速い。
　＊正確な ＝ accurate

_____ ☐

② 彼に電話してみたらどう？

_____ ☐

③ 来週のいつか，会いましょうか。

_____ ☐

④ 田辺さん（男性）からお電話がありましたよ。

_____ ☐

⑤ あなたの資料はよくできているようです。

_____ ☐

⑥ 彼は会議では緊張してしまうのです。
　＊緊張した ＝ nervous

_____ ☐

⑦ 最新のパンフレットを1部もらえますか。（Can で始めて）

_____ ☐

⑧ いくつかサンプルを見せてください。

_____ ☐

[解答例]

① His work is very accurate and fast. ➡ p.52
② Why don't you call him? ➡ p.54
③ Why don't we meet some time next week? ➡ p.54
④ There was a phone call from Mr. Tanabe. ➡ p.56
⑤ Your documents seem fine. ➡ p.58
⑥ He gets nervous in a meeting. ➡ p.58
⑦ Can you give me a copy of the latest brochure? ➡ p.60
⑧ Please show me some samples. ➡ p.60

ここでも使える！　〜日記〜

気持ちや自分の状態を表す形容詞をたくさん知っていれば，日記などの身近な文章も内容を充実させることができます。Lesson 16 を復習して，ノートに簡単な日記を書くことを始めてみましょう！

I'm a project manager now, so I'm very busy.

I did a lot of overtime today. I'm very tired.

[和訳]
　今，大きなプロジェクトの責任者をしていて，とても忙しい。
　今日はたくさん残業をした。とても疲れた。

LESSON 21 異動の予定について話す

ここで使う文法 be going to *do*

'be going to + 動詞の原形' は直訳すれば「…に行こうとしている」、つまり、そちらに向かってすでに心や体が動きつつあるような、近い未来や意志を表します。

📖 文法要点チェック！ ➡ p.164

🔊 045 ◆人事異動のうわさ話

リサ ：Did you hear about Mr. Okamoto of the Marketing Department? He's going to get promoted.

ケン ：What position is he going to get?

リサ ：He's going to become manager of the Tokyo Office. And Bob is going to the Chicago head office.

和訳 リサ：マーケティング部の岡本さんのこと、聞いた？ 昇進することになったんだって。
　　　ケン：どういう役職につくの？
　　　リサ：東京支店の支店長になるのよ。それと、ボブがシカゴ本社に異動になるの。

21 異動の予定について話す

My フレーズをつくろう

★印は WebのMyフレーズリストへ　➡ 詳細 p.9

以下の空欄に，自分自身に当てはまる言葉を入れ，声に出して練習してみましょう。

A: He's going to get promoted.

B: What position is he going to get?

A: He's going to become ....
★役職名

もっと使ってみよう

046　このレッスンの文法項目を使った例文をさらに見てみましょう。

❶ He is going to quit the job.
彼は仕事を辞めるつもりです。

❷ Our company is going to cut personnel expenses.
当社では人件費を削減することにします。

❸ We are going to promote this project in India first.
我々はこのプロジェクトを，まずはインドで推進していきます。

❹ This campaign is going to work well.
このキャンペーンはうまくいきそうです。

応用
❺ What are you going to do with this situation?
この状況をどうするつもりですか。
!「（売り上げが伸び悩んでいる）この状況にどう対処しますか」と聞きたい時などに使える表現です。

応用
❻ Who's going to take over this work from him?
誰が彼の後を引き継いでこの仕事をするのですか。
! 誰かが退職した時や長期休暇を取る時など，仕事の引き継ぎを明確にしたい時に役立ちます。

重要語句				
☐ hear about ～	～のことを聞く	☐ promote		～を昇進させる；～を推進する
☐ head office	本社	☐ quit		～を辞める
☐ personnel expenses	人件費	☐ do with ～		～を処理する
☐ take over ～	～を引き継ぐ			

LESSON 22 何をしていたかを伝える

ここで使う文法 過去進行形

過去のある時点で進行中だった事柄を表すのが過去進行形です。'was[were]＋...ing' で表現しますが、そのまま直訳すると「〜をやりかけの状態だった」ということになります。

📖 文法要点チェック！ ➡ p.164

◆ボブに転勤の話を確かめるケン

ケン ：We **were** just **talking** about you, Bob. I heard about your transfer to the head office.

ボブ ：You already heard that? I was going to tell you this morning, but you were very busy.

ケン ：Yeah, I **was working** on the documents. And you helped me a lot. Sorry about that.

和訳 ケン：ちょうど今君のことを話してたんだよ、ボブ。本社に転勤なんだってね。
ボブ：もう聞いてるの？ 今朝話そうと思っていたんだけど、とても忙しそうだったから。
ケン：うん、資料を作っていたんだよ。すごく手助けしてくれたよね。申し訳なかったよ。

22 何をしていたかを伝える

My フレーズをつくろう

★印は Web の My フレーズリストへ　→ 詳細 p.9

以下の空欄に，自分自身に当てはまる言葉を入れ，声に出して練習してみましょう。

A: We were just talking about you, ...
　　　　　　　　　　　　　　　　　　　　相手の名前

　I heard about your ....
　　　　　　　　　　　　　　★話題になっていること

B: You already heard that?

もっと使ってみよう

048　このレッスンの文法項目を使った例文をさらに見てみましょう。

❶ I was making some materials for the meeting.
会議の資料作りをしていました。

❷ I'm sorry. I was attending the conference.
ごめんなさい，会議に出席していましたので。
(!)「なぜ〜できなかったの？」と聞かれたら，I'm sorry. と前置きし，理由を説明しましょう。

❸ They were working very hard, but it was in vain.
彼らは一生懸命やっていたのですが，だめでした。

❹ We were waiting for their answer, but they didn't call us.
彼らの返事を待っていましたが，連絡はありませんでした。

❺ We were planning the campaign, but the management turned it down.
キャンペーンを企画していたのですが，経営陣が却下しました。

❻ 応用 What were you doing in such a hurry?
そんなに急いで何をやっていたんだい？
(!) 慌ただしく動き回っていた同僚に，驚きを込めて聞いてみましょう。

重要語句			
☐ transfer	転勤，異動	☐ work on 〜	〜に取り組む
☐ material	資料	☐ attend	〜に出席する
☐ conference	会議	☐ in vain	無駄に
☐ management	経営陣	☐ turn 〜 down	〜を却下する

LESSON 23 今後の仕事について話す

ここで使う文法 助動詞 will

助動詞の will は，自然のなりゆきで起こる未来の事柄を表します。will はこの他に主語の意志を表す用法もあります。基本の助動詞ですが意味を確認しましょう。

📖 文法要点チェック！ ➡ p.165

🔊 049 ◆ボブの今後の予定を聞くケン

ケン ： Bob, when **will** you leave for Chicago?

ボブ ： I **will** move to Chicago next month. I **will** work on the new project there.

ケン ： I **will** miss you, Bob. Let's have a drink some time soon.

和訳 ケン：ボブ，シカゴにはいつ発つんだい？
ボブ：来月行く予定だよ。向こうでは新しいプロジェクトに取り組むことになるんだ。
ケン：寂しくなるよ，ボブ。近いうちに飲みに行こう。

23 今後の仕事について話す

My フレーズをつくろう

★印は Web の My フレーズリストへ　→詳細 p.9

以下の空欄に，自分自身に当てはまる言葉を入れ，声に出して練習してみましょう。

A: When will you leave for .... ?
　　　　　　　　　　　　　　　転勤先（場所）

B: I will move to .... next month.
　　　　　　　　　転勤先（場所）

　　I will work on .... there.
　　　　　　　　　　　　　　　★担当業務の内容

もっと使ってみよう

050　このレッスンの文法項目を使った例文をさらに見てみましょう。

❶ I'll do my best.
ベストを尽くします。
(!) 新しい仕事を任された時，あなたの意気込みをこの一言で伝えてみましょう。

❷ We will make the delivery within a few days.
2，3 日中に配送いたします。

❸ We will send you a bill within a week.
1 週間以内に請求書をお送りいたします。

❹ Will you be free this afternoon?
今日の午後，時間はありますか。

❺ When will we have the next meeting?
次のミーティングはいつにしましょうか。

⑥ It won't take much time. 応用
そんなに時間はかからないと思います。
(!) won't は will not の短縮形。こんなふうに期限をスマートに伝えれば，相手も安心するはず。

重要語句			
☐ leave for ~	~に向けて出発する	☐ move to ~	~に引っ越す
☐ miss	~がいなくて寂しく思う		
☐ make the delivery	配達する	☐ bill	請求書

LESSON 24 雑用を頼む

ここで使う文法 Will you ...?

'Will you ...?' は「…してくれませんか」という丁寧な依頼の表現ですが，文脈によって部下などに仕事を指示する表現としても使えます。文中か文末に please を加えると，より丁寧な印象になります。

051 ◆アシスタントにコピーとファイリングを頼むケン

ケン：**Will you bring me the sales file?**
　　　—— Thank you. Will you make 10 copies of this sheet?

アシスタント：**Sure. Anything else?**

ケン：**After that, will you file one of them in here, and bring me the rest?**

アシスタント：**All right.**

和訳
ケン　　　　：営業関係のファイルを持ってきてくれるかな？ ——ありがとう。この資料を 10 部コピーして。
アシスタント：わかりました。何か他には？
ケン　　　　：その後，この中に 1 部ファイルして，残りは僕のところに持ってきて。
アシスタント：わかりました。

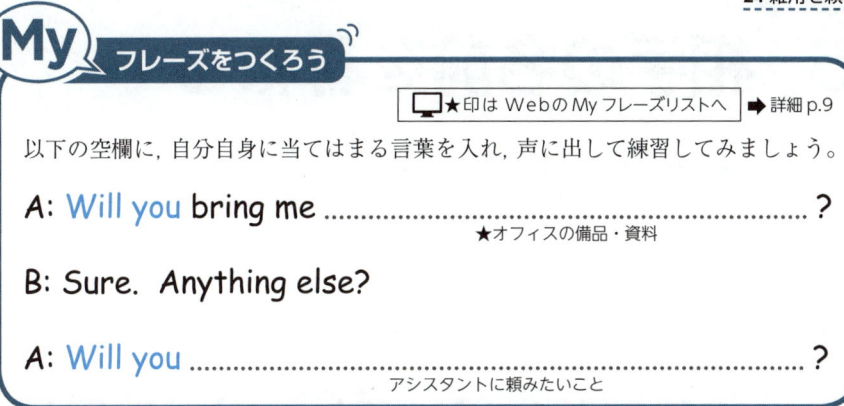

24 雑用を頼む

My フレーズをつくろう

★印は Web の My フレーズリストへ　→ 詳細 p.9

以下の空欄に，自分自身に当てはまる言葉を入れ，声に出して練習してみましょう。

A: Will you bring me .... ?
　　　　　　　　　　　　　　★オフィスの備品・資料

B: Sure. Anything else?

A: Will you .... ?
　　　　　　　　　　　　アシスタントに頼みたいこと

もっと使ってみよう

052　このレッスンの文法項目を使った例文をさらに見てみましょう。

❶ Will you copy this page?
　このページをコピーしてくれますか。

❷ Will you call me back later?
　後で折り返し電話をもらえますか。

❸ Will you send this by e-mail?
　これをEメールで送ってくれますか。
　⚠ by の後ろを fax（ファックス）や mail（郵便）に変えて使ってみるのもいいですね。

❹ Will you show me another one?
　別のものを見せてもらえますか。

❺ Will you call a serviceman right away, please?
　修理担当者をすぐに呼んでもらえますか。

⑥（応用）Will you please help me with some typing?
　ちょっと入力を手伝ってもらえるかな。
　⚠ 'help me with ～' で「私の～を手伝う」。with の後ろの単語を入れ換えて応用しましょう。

重要語句			
☐ sales file	営業関係のファイル	☐ make a copy	コピーをとる
☐ file	～をファイルする		
☐ rest	(the rest で) 残り		
☐ call ～ back	～に（電話を）かけ直す		

LESSON 25 相手の名前を尋ねる

ここで使う文法 助動詞 may

may は「してもいいし，しなくてもいい」，あるいは「そうかもしれないし，そうではないかもしれない」というニュアンスを持っています。'May I ...?' は相手の許可を得る時の定番表現です。

📖 文法要点チェック！ ➡ p.165

🔊 053 ◆ホワイト氏の来社

ホワイト氏: **May** I see Mr. Ohta of the Sales Department?

受付: Excuse me, but **may** I have your name, please?

ホワイト氏: I'm Tom White from the Osaka Office.

受付: Please wait a moment. ── I'm very sorry, but he's not available at the moment.

ホワイト氏: Then **may** I see Mr. Shimada?

受付: Just a minute.

和訳
ホワイト氏：営業部の太田さんをお願いしたいのですが。
受付　　　：失礼ですが，お名前を伺ってもよろしいですか。
ホワイト氏：大阪支店のトム・ホワイトです。
受付　　　：少々お待ちください。──大変申し訳ありませんが，あいにく席を外しております。
ホワイト氏：それでは，島田さんはいらっしゃいますか。
受付　　　：お待ちください。

25 相手の名前を尋ねる

My フレーズをつくろう

★印は Web の My フレーズリストへ　➡ 詳細 p.9

以下の空欄に，自分自身に当てはまる言葉を入れ，声に出して練習してみましょう。

A: May I see .... of .... ?
　　　　　　　　訪問相手の名前　　　　　　　相手の部署名

B: Excuse me, but may I have your name, please?

A: I'm .... from ....
　　　　　　自分の名前　　　　　　　自分の会社名

B: ....
　　　　　　　　★受付での応対

もっと使ってみよう

054　このレッスンの文法項目を使った例文をさらに見てみましょう。

❶ May I have your business card?
　名刺をいただけますか。

❷ May I take a day off tomorrow?
　明日お休みを取ってもよいでしょうか。

❸ May I have your attention, please?
　それでは皆さん，よろしいでしょうか。
　⚠ 会議などで注目を集めたい時に使える表現。参加者が耳を傾け，場が引き締まります。

❹ May I ask you about the schedule?
　スケジュールについてお聞きしてもよろしいでしょうか。

応用
⑤ It may take a couple of days, but we will certainly respond to your inquiry.
　2，3日かかるかもしれませんが，必ずお返事いたします。
　⚠ メールの最後の締めくくりの表現としても使えますね。

応用
⑥ You may not smoke in the computer room.
　コンピュータ室では禁煙となっています。

重要語句	□ business card	名刺	□ day off	休日
	□ attention	注意，注目	□ respond to ～	～に応答する
	□ smoke	喫煙する		

英語で言ってみよう！⑤

次の日本語の文を英語に直して言ってみましょう。わからなければ，右ページの解答例とともに示されている ➡ のページに戻って復習してください。

① 中田さん（男性）が昇進することになりました。

　　　　　　　　　　　　　　　　　　　　　　　　　　　　　　　　□

② 彼は今度この課の課長になります。

　　　　　　　　　　　　　　　　　　　　　　　　　　　　　　　　□

③ あなたの転勤の話をしていたところです。
　　＊転勤 = transfer

　　　　　　　　　　　　　　　　　　　　　　　　　　　　　　　　□

④ 彼はいつ福岡に出張に行くのですか。
　　＊出張に行く = go on a business trip

　　　　　　　　　　　　　　　　　　　　　　　　　　　　　　　　□

⑤ 新しいプロジェクトに取り組むことになります。
　　＊〜に取り組む = work on 〜

　　　　　　　　　　　　　　　　　　　　　　　　　　　　　　　　□

⑥ 今日の会議の資料を持ってきてもらえるかな。

　　　　　　　　　　　　　　　　　　　　　　　　　　　　　　　　□

⑦ このページを10部コピーして。

　　　　　　　　　　　　　　　　　　　　　　　　　　　　　　　　□

⑧ 今日の午後，お伺いしてもよろしいですか。

　　　　　　　　　　　　　　　　　　　　　　　　　　　　　　　　□

英語で言ってみよう！⑤

[解答例]

① Mr. Nakata is going to be promoted. ➡ p.64
② He is going to become the manager of this section. ➡ p.64
③ We were just talking about your transfer. ➡ p.66
④ When will he go on a business trip to Fukuoka? ➡ p.68
⑤ I'll work on the new project. ➡ p.68
⑥ Will you bring me the materials for today's meeting? ➡ p.70
⑦ Will you make 10 copies of this page? ➡ p.70
⑧ May I visit you this afternoon? ➡ p.72

ここでも使える！　〜告知文〜

回覧板や掲示板などでよく見られる告知文です。Lesson 23 の will は未来を表す助動詞ですので，このような修理の予定のお知らせにも使えますね。

The elevator in the west wing will be under repair for the next two weeks. In the meantime, we would like you to use the stairs instead.

[和訳]
西棟のエレベーターがこの先2週間修理されます。その間，代わりに階段をお使いください。

LESSON 26 命じられたことを説明する

ここで使う文法 助動詞 must

must は「100%に近い推量」を表す助動詞です。つまり、「…に違いない」「…しなくてはならない〔逃れる術はない〕」という意味を表す助動詞なのです。

📖 文法要点チェック！ ➡ p.165

🔊 056 ◆受付に降りてきたケン

ケン ：Hello, Mr. White. How's it going?

ホワイト氏：Can't complain. We're promoting the new campaign in the Kansai area, and it's going quite well.

ケン ：You must be very busy then.

ホワイト氏：Yes. We must get a 10% increase through the campaign.

ケン ：I'm very sorry, but I must leave now. We're having a meeting this afternoon.

ホワイト氏：That's a shame. But I'll call on you some time again.

ケン ：Sure, you must come.

ホワイト氏：Say hello to Mr. Ohta.

和訳
ケン ：こんにちは，ホワイトさん。仕事のほうはどうですか。
ホワイト氏：まあまあですよ。関西地区では新たにキャンペーンをやっていて，それが功を奏していましてね。
ケン ：では，きっとお忙しいんでしょうね。
ホワイト氏：ええ。このキャンペーンで売り上げを10％アップさせなければならなくて。
ケン ：大変申し訳ないんですが，そろそろ行かなくてはならないんです。午後に会議が入っているんですよ。
ホワイト氏：それは残念です。でもまたそのうち来ますね。
ケン ：ええ，必ず来てくださいよ。
ホワイト氏：太田さんによろしくお伝えください。

26 命じられたことを説明する

My フレーズをつくろう

★印は WebのMy フレーズリストへ　→詳細 p.9

以下の空欄に，自分自身に当てはまる言葉を入れ，声に出して練習してみましょう。

A: Hello. How's it going?

B: ……………………………………… .
　　　★あいさつへの返答

A: You must be ……………………………… .
　　　　　　　　　★相手の様子

B: I'm very sorry, but I must leave now. We're having

……………………………………… .
　　★この後の予定

もっと使ってみよう

057　このレッスンの文法項目を使った例文をさらに見てみましょう。

❶ I must finish the work before noon.
昼までにこの仕事を終わらせなくてはいけないんだ。

❷ We must make a decision within a few days.
2，3日中に決断しなくてはならない。
❗ must とともに make a decision を使うと，強い意志を表すことができます。

❸ We must expand our market share in this area.
この地域での市場シェアを拡大しなくてはならない。

❹ The project must be challenging to us.
そのプロジェクトは我々にとってやりがいのあるものであるに違いない。
❗ must be ～ は「～に違いない」と言う意味。確信していることを表現できます。

❺ You must double-check the letter before sending it.
その手紙を送る前に，再度チェックする必要がある。

応用
⑥ You mustn't go against our policy.
会社の方針に反してはいけません。

重要語句	☐ How's it going?	調子はどうですか。	☐ Can't complain.	まあまあです。
	☐ increase	増加	☐ shame	残念なこと
	☐ call on ～	～を訪問する	☐ say hello to ～	～によろしく伝える
	☐ expand	～を広げる	☐ mustn't	…してはならない

77

LESSON 27 準備が必要な内容を伝える

ここで使う文法 have to *do*

'have to *do*' は「諸般の事情でそうならざるをえない」というニュアンスを表します。なお，'don't have to *do*' という形にすると「…する必要はない」という意味になるので注意。

📖 文法要点チェック！ ➡ p.165

🔊 058 ◆プレゼン前，話をするケンとリサ

リサ ：Are you ready for the presentation? Do you **have to** prepare a resume?

ケン ：I already made one. But I **have to** do the presentation without a rehearsal. And I **have to** set up the meeting room now.

リサ ：You **don't have to** be perfect. Just relax.

和訳
リサ：プレゼンの準備はできてるの？ レジュメを作らないといけない？
ケン：もう作ったよ。でもリハーサルなしでプレゼンをしなくちゃならないんだ。それに今から会議室の準備をしないと。
リサ：完璧にする必要はないわ。リラックスしてね。

27 準備が必要な内容を伝える

My フレーズをつくろう

🖥 ★印は Web の My フレーズリストへ ➡詳細 p.9

以下の空欄に，自分自身に当てはまる言葉を入れ，声に出して練習してみましょう。

A: Are you ready for the presentation?

B: No. I have to ....
　　　　　　　　　　　　★プレゼンの準備内容

A: You don't have to be perfect. ....
　　　　　　　　　　　　　　　　　★相手を励ます表現

もっと使ってみよう

🔊 059　このレッスンの文法項目を使った例文をさらに見てみましょう。

❶ I have to give a presentation without preparation.
　準備なしでプレゼンをしなくてはならないんだ。

❷ I have to make a sales call to that company today.
　今日はその会社に営業の電話をかけなくてはならない。

❸ We don't have to expand the market area so widely.
　市場地域をそれほど大きく広げる必要はありません。

❹ You don't have to hurry.
　急がなくていいよ。

⑤(応用) You have to finish this work by tomorrow morning.
　明日の朝までにこの仕事を仕上げなくてはいけないよ。
　❗ 主語に You を置き，「…してもらわないと困る」というニュアンスを伝えられます。

⑥(応用) Do I have to do it all by myself?
　それを全部私一人でやらないといけないのですか。
　❗ 疑問文ですが主語に I を置いています。「手助けが欲しい」という意味もこの表現に含まれていますね。

重要語句	☐ resume	レジュメ，概要	☐ rehearsal	リハーサル，予行練習
	☐ set up ~	~を設置する〔準備する〕		
	☐ perfect	完璧な	☐ relax	リラックスする，緊張を解く
	☐ preparation	準備	☐ widely	広く，大きく

LESSON 28 「こうすればよい」と伝える

ここで使う文法 助動詞 should

'had better ...' には高圧的な響きがありますが, should にはありません。「…すべきだ」というより,「…するといいだろう」くらいの響きなので, 気兼ねなく使えます。

文法要点チェック！ ➡ p.165

◆プレゼンを控え，上司からの最終チェック

上司 : Are you going to use something for your presentation?

ケン : Yes. I'm going to use a projector. I need a rehearsal before the presentation, but I won't have enough time.

上司 : You should ask Bob about the projector.

ケン : All right.

和訳 上司：プレゼンで何か使う予定はあるかね？
ケン：はい。プロジェクターを使うつもりです。プレゼン前にリハーサルをしたいんですが，その時間はないでしょう。
上司：プロジェクターについてはボブに聞くといい。
ケン：わかりました。

28「こうすればよい」と伝える

My フレーズをつくろう

★印は Web の My フレーズリストへ　➡ 詳細 p.9

以下の空欄に，自分自身に当てはまる言葉を入れ，声に出して練習してみましょう。

A: Are you going to use something for your presentation?

B: Yes. I'm going to use ....
　　　　　　　　　　　　　　　★プレゼンに使う道具

A: You should ask .... about ....
　　　　　　　　　　同僚の名前　　　　　　　★問い合わせる内容

B: All right.

もっと使ってみよう

061　このレッスンの文法項目を使った例文をさらに見てみましょう。

❶ You should change the plan.
　その計画は変更すべきだろう。

❷ You should report it to your boss.
　そのことを上司に報告すべきだ。

❸ We should make a further reduction.
　さらに値引きしなければならないだろう。

❹ Should I rewrite the document?
　その書類を書き直さなくてはなりませんか。

❺ Maybe we should discuss this matter with our manager first.
　まずは上司とこの件について議論したほうがいいだろう。
　(!) 同僚との話に行き詰った時に，このような意見が出るかもしれません。

❻ （応用）What time should I call you tomorrow?
　明日，何時にあなたに電話したらいいですか。
　(!) 相手の予定を考慮して，電話ができる時間帯を聞くことはビジネスマナーの一つですね。

重要語句	□ projector	プロジェクター	□ further	さらなる
	□ rewrite	〜を書き直す	□ matter	問題，事柄

LESSON 29 手伝いを申し出る

ここで使う文法 Shall I ［we］ ...?

'Shall I ...?' は「（私が）…しましょうか」と申し出る時に使います。よく似た表現の 'Shall we ...?' は，「（一緒に）…しましょうよ」と相手に誘いかけ，同意を求める時に用いる表現です。

◆会議室の準備をするケン

リサ ： **Shall I** give you a hand?

ケン ： Yes, please. Will you bring the projector to the meeting room?

リサ ： Sure. **Shall we** prepare some drinks?

ケン ： Yes. Let's get some bottles of water from the cafeteria, and place them in the corner.

和訳 リリ：手伝いましょうか。
ケン：うん，頼むよ。会議室にプロジェクターを持ってきてくれないか。
リサ：わかった。何か飲み物も用意する？
ケン：うん。食堂から水のボトルをもらってきて，そこの角に置こう。

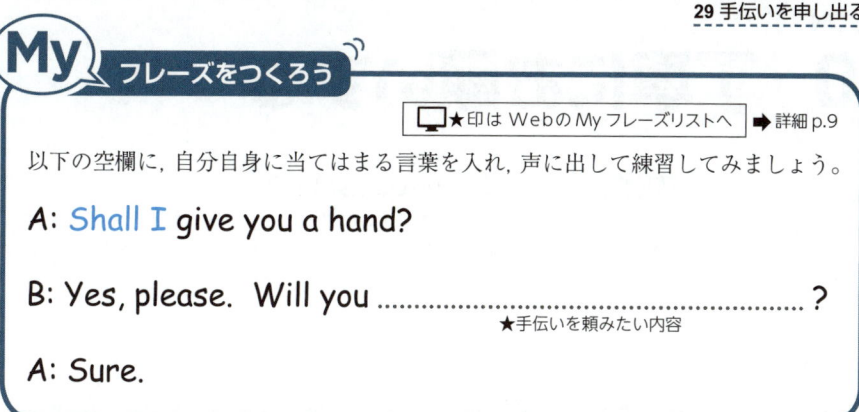

29 手伝いを申し出る

My フレーズをつくろう

★印は WebのMy フレーズリストへ　➡ 詳細p.9

以下の空欄に，自分自身に当てはまる言葉を入れ，声に出して練習してみましょう。

A: Shall I give you a hand?

B: Yes, please. Will you .... ?
　　　　　　　　　　　　　　　★手伝いを頼みたい内容

A: Sure.

もっと使ってみよう

063　このレッスンの文法項目を使った例文をさらに見てみましょう。

❶ Shall I bring some coffee?
コーヒーでもお持ちしましょうか。
> 忙しくしている同僚に，このフレーズを使って休憩を提案することができますね。

❷ Shall I come back later?
また後で来ましょうか。

❸ Shall I help you with the filing?
そのファイル綴じを手伝いましょうか。

❹ Shall we start the meeting?
会議を始めましょうか。
> 会議をスムーズにスタートさせるために使える表現です。

❺ What time shall we meet?
何時にお会いしましょうか。

❻ What shall we do first?
まず何をしましょうか。

重要語句	□ give ~ a hand	~に手を貸す，~を手伝う		
	□ cafeteria	食堂	□ place	~を置く
	□ in the corner	角に		

LESSON 30 丁寧にお願いする

ここで使う文法 Would you (please) ...?

'Will you ...?' はあまり丁寧な言い方ではないという話を Lesson 24 でしました。もっと丁寧に相手に何かを依頼する時には、'Would you ...?' を使いましょう。

◆いよいよプレゼン開始

ケン ：**Would you** come up front and pay attention, please? Let's get started. I'm Kentaro Shimada of the Sales Department.

吉田氏：I can't hear you very well. **Would you** speak a little louder?

ケン ：Yes, of course. Excuse me. **Would you please** open the document in front of you at page one?

和訳
ケン ：皆さん，前のほうへ来てご注目いただけますでしょうか。それでは始めたいと思います。営業部の島出健太郎です。
吉田氏：よく聞こえないんですが。もう少し声を大きくしてもらえますか。
ケン ：はい，わかりました。失礼しました。皆さんの前にあります資料の 1 ページを開いていただけますか。

30 丁寧にお願いする

My フレーズをつくろう

★印は WebのMyフレーズリストへ ➡ 詳細 p.9

以下の空欄に，自分自身に当てはまる言葉を入れ，声に出して練習してみましょう。

Would you come up front and pay attention, please?

Let's get started.

I'm .... of ....
　　　　　名前　　　　　　　　　　　　部署名

Would you please .... ?
　　　　　　　　　　　★参照箇所の指示

もっと使ってみよう

065　このレッスンの文法項目を使った例文をさらに見てみましょう。

❶ Would you sort out these files?
これらのファイルを整理していただけますか。

❷ Would you come to our office this afternoon?
今日の午後，私どものオフィスにいらしていただけますか。

❸ Would you sign the contract by the end of this month?
今月末までに契約書にサインしていただけますか。
　❕ by ～で「～までに」。期限を提示して，やってほしいことを相手に明確に伝えられます。

❹ Would you prepare the materials for today's meeting?
今日の会議の資料を用意していただけますか。

❺ Would you please turn off the screen during your absence?
不在の時は画面の電源を切っていただけますか。

応用
❻ Would you spare the time?
お時間をいただけますか。
　❕ 忙しい相手に時間がとれるかどうか聞く表現。とても丁寧な表現なので，上司に使うのに最適です。

重要語句			
☐ come up front	前のほうに出てくる	☐ pay attention	注意を払う
☐ louder	もっと声を大きく	☐ in front of ～	～の前に
☐ sign	～に署名する	☐ contract	契約書
☐ turn off ～	～の電源を切る		

英語で言ってみよう！⑥

次の日本語の文を英語に直して言ってみましょう。わからなければ、右ページの解答例とともに示されている ➡ のページに戻って復習してください。

① 私たちは売り上げを10%上げなくてはなりません。
　＊〜を増やす ＝ increase

_____

② 君は会議室の準備をしなくてはならないよ。

_____

③ タクシーに乗る必要はありません。

_____

④ その仕事のことは上司に聞いたほうがいいよ。
　＊上司 ＝ boss

_____

⑤ そのアプリケーションソフトについて、誰に聞けばいいでしょうか。

_____

⑥ お迎えに行きましょうか。（Shall で始めて）

_____

⑦ 皆さん、注目していただけますか。

_____

⑧ 3ページの図を見ていただけますか。

_____

英語で言ってみよう！⑥

[解答例]

① We must increase our sales by 10%. ➡ p.76
② You have to prepare the meeting room. ➡ p.78
③ You don't have to take a taxi. ➡ p.78
④ You should ask your boss about the work. ➡ p.80
⑤ Who should I ask about the application software? ➡ p.80
⑥ Shall I pick you up? ➡ p.82
⑦ Would you please pay attention, everyone? ➡ p.84
⑧ Would you look at the chart on page 3? ➡ p.84

ここでも使える！　～Eメール～

仕事をする際に，日々たくさんのEメールのやりとりを行っている人が多いかと思います。その中では相手に頼みたいことを伝える場面もありますよね。そのような時には，Lesson 30 の Would you (please) ...? という丁寧な依頼の形を使ってみましょう。

I have an appointment with my client at 3 o'clock.

I'll need a projector in the meeting. Would you book

Room 102 and set up a projector in there by then,

please?

[和訳]
3時に顧客と約束があります。そのミーティングではプロジェクターが必要です。それまでに，会議室102を予約し，プロジェクターをセットしていただけますか。

LESSON 31 感謝の気持ちを述べる

ここで使う文法 動名詞

動名詞は，動詞を名詞に変える魔法のような表現です。'Doing is better than saying.'（行動することは言うことに勝る）など，コンパクトな動名詞はことわざでも大活躍します。

📖 文法要点チェック！ ➡ p.165

🔊 067 ◆プレゼンを始めるケン

Thank you very much for **taking** time out of your schedule. I really appreciate you **giving** me this chance. I am in charge of **promoting** this project. I worked really hard on it, and am relying on your support.

和訳 お忙しい中，お時間をとっくいただきありがとうございます。このような機会をいただいたことを，大変感謝いたします。私は今回のプロジェクトを推進する責任者です。私はこのプロジェクトに誠心誠意取り組ませていただきました。そして，今後もみなさんからのご支援をいただきたいと思っております。

31 感謝の気持ちを述べる

My フレーズをつくろう

★印は Web の My フレーズリストへ　➡ 詳細 p.9

以下の空欄に，自分自身に当てはまる言葉を入れ，声に出して練習してみましょう。

Thank you very much for ....
　　　　　　　　　　　　　　　★仕事で感謝したいこと

I really appreciate you ....
　　　　　　　　　　　　　　　★仕事で感謝したいこと

もっと使ってみよう

068　このレッスンの文法項目を使った例文をさらに見てみましょう。

❶ Thank you for coming over here.
　わざわざお越しいただきありがとうございます。

❷ It's nice talking to you.
　お話できてよかったです。

❸ We look forward to hearing from you soon.
　ご連絡をお待ちしております。
　❗ メールの最後の締めの言葉としてよく使用される表現です。to の後ろは動名詞が入るので要注意。

❹ Your job in this department is mainly answering inquiries from customers.
　あなたのこの部署での仕事は，主に顧客からの問い合わせ対応です。

❺ We're thinking about starting a new kind of business in this country.
　この国で新しい事業を始めようかと考えているところです。

応用
❻ Would you mind waiting for a few more days?
　もう2, 3日お待ちいただけますか。
　❗ 相手からの依頼に対し，対応するのに少し時間がかかることを丁寧に伝えることができます。

重要語句			
☐ take time	時間をとる	☐ appreciate	～に感謝する
☐ rely on ～	～に頼る	☐ support	支援
☐ look forward to ... ing	…するのを楽しみに待つ		
☐ mainly	主に		
☐ Would you mind ... ing?	…していただけますか。		

LESSON 32 商品の特長を説明する

ここで使う文法 不定詞の名詞用法

不定詞は'to + 動詞の原形'の形で，3つの用法があります。1つ目の名詞用法はその名の通り，不定詞が名詞の働きをします。文の中でいろいろな役割を持ち大活躍です。

📖 文法要点チェック！➡ p.166

🔊 069 ◆新製品について説明するケン

The purpose of this meeting is **to explain** the new product, and then our new project, too. Now I want **to talk** about our new product, MTPhone.

There are 3 things you can do with this phone. The first is **to talk** with people around the world. The second is **to operate** the phone in many different languages. The third is **to insert** multiple SIM cards.

With this phone, you can keep your number in Japan while you use another number overseas. Most phones do not offer this function. But MTPhone can do it.

【和訳】この会議の目的は，まず新製品，そして私たちの新しいプロジェクトについてご説明することです。ではさっそく，新製品 MTPhone についてお話ししたいと思います。
この電話でできることは3つあります。1つ目は，世界中の人々と話すこと。2つ目は，さまざまな国の言語で電話の操作をすること。そして3つ目は，複数の SIM カードを挿入することです。
この電話を使えば，皆さんが海外で別の電話番号を使っている間も，日本でご自身の番号を持っていられるのです。多くの電話にはこの機能がありません。しかし MTPhone では可能なのです。

32 商品の特長を説明する

My フレーズをつくろう

★印は Web の My フレーズリストへ　➡ 詳細 p.9

以下の空欄に，自分自身に当てはまる言葉を入れ，声に出して練習してみましょう。

The purpose of this meeting is to ....
　　　　　　　　　　　　　　　　　　　　　　　★会議の目的

Now I want to talk about ....
　　　　　　　　　　　　　　　　　　　　　　　★議題の要点

もっと使ってみよう

070　このレッスンの文法項目を使った例文をさらに見てみましょう。

❶ The aim of the campaign is to increase sales this quarter.
キャンペーンの目的は，今四半期の売り上げを伸ばすことにあります。

⚠ プレゼンでこの表現を使えば，提供する話題を明確にできます。とてもスマートな印象になりますよ。

❷ The objective of this presentation is to explain our new organization.
今回のプレゼンの目的は，我々の新しい組織について説明することです。

❸ I want to tell you about the main features of this product.
この製品の主な特徴をお話ししたいと思います。

❹ With this model, to enhance the memory is quite difficult.
この機種では，メモリーを拡張することは極めて困難です。

応用
⑤ We managed to cut expenses by 10%.
何とか経費を 10％削減することができました。

応用
⑥ Please don't hesitate to make any suggestion.
どうぞ遠慮なくご提案ください。

⚠ プレゼンの締めくくりの言葉として使えます。参加者からの意見を募るのに最適な一言。

重要語句				
	☐ purpose	目的	☐ explain	〜を説明する
	☐ operate	〜を操作する	☐ insert	〜を差し込む
	☐ multiple	複数の	☐ overseas	海外に〔で〕
	☐ quarter	四半期	☐ feature	特徴
	☐ enhance	〜を拡張する	☐ manage to *do*	どうにか…する
	☐ Don't hesitate to *do*.	遠慮なく…してください。		

LESSON 33 控えめに意向を伝える

ここで使う文法 would like to *do*

「…したい」と言いたい時，'I want to *do*' は要求がましく，丁寧な響きを持ちません。それに比べ，'I would like to *do*' は「…したいのですが」とやんわり希望を伝えることができます。

◆ケンから加藤部長へバトンタッチ

ケン ： **Would** you **like to** take a break? No? OK. Then let's go on to the next item. Please help yourself to some water at the front. Now, Mr. Kato, the manager of our Engineering Department, will give you the details.

加藤部長： I**'d like to** explain the details of the product. Perhaps you **would like to** know about the specifications, so I**'d like to** show you a detailed catalog later.

和訳 ケン ：ちょっと休憩をはさみましょうか。必要ないですか？ わかりました。では次に移りたいと思います。どうぞご自由に前方の水をお取りください。ここからは，当社技術部長の加藤から詳しく話をしていただきます。

加藤部長：私が製品の詳細についてご説明いたします。おそらく皆さんが関心を持っているのは仕様についてでしょうから，後ほど詳しいカタログをお見せします。

33 控えめに意向を伝える

My フレーズをつくろう

★印は WebのMy フレーズリストへ　⇒詳細p.9

以下の空欄に，自分自身に当てはまる言葉を入れ，声に出して練習してみましょう。

Would you like to take a break? No? OK.

Then let's go on to the next item.

I'd like to explain ....
　　　　　　　　　　　　★会議の議題

もっと使ってみよう

072　このレッスンの文法項目を使った例文をさらに見てみましょう。

① I'd like to confirm your order.
ご注文を確認したいのですが。

② I'd like to move on to the next subject.
次の議題に移りたいと思います。

③ I'd like to introduce my secretary, Ms. Okamoto.
私の秘書，岡本を紹介させていただきます。

④ I'd like to think it over for a few more days.
もう数日，よく考えさせていただきたいのですが。
　! 新製品のプレゼンを受け，注文するかどうか決めるのに時間が欲しい場合などに使えます。

⑤(応用) Would you like to pay in cash?
現金でお支払いになりますか。

⑥(応用) Would you like to comment on this?
この件について何かコメントはありますか。
　! 会議などで参加者から意見を募りたい時に使ってみましょう。

重要語句				
	☐ go on to ～	～に進む	☐ help yourself to ～	～を自由に取る
	☐ detail	詳細	☐ specification	仕様
	☐ confirm	～を確認する		
	☐ move on to ～	～(新しい話題など)に移る		
	☐ introduce	～を紹介する	☐ think ～ over	～について熟考する
	☐ in cash	現金で		

LESSON 34 商品開発の背景を説明する

ここで使う文法 不定詞の副詞用法

Lesson 32 の名詞用法に続いてここで学ぶのは副詞用法です。副詞用法は文中のあらゆる要素を修飾し，文を豊かにする働きを持ちます。

📖 文法要点チェック！➡ p.166

🔊 073 ◆加藤部長が商品開発について語る

With typical mobile phones, it is only possible to insert one SIM card at a time. **To improve** this, we worked very hard on the problem. It took 2 **years to reach** our goal. Finally we made it.

和訳 一般的な携帯電話では，同時に1つのSIMカードしか挿すことができません。これを改良するために，私たちは総力を挙げて取り組みました。我々の目標を達成するのに，まる2年かかりました。そしてついに成功したのです。

34 商品開発の背景を説明する

My フレーズをつくろう

★印は Web の My フレーズリストへ　➡ 詳細 p.9

以下の空欄に，自分自身に当てはまる言葉を入れ，声に出して練習してみましょう。

We worked very hard on the problem.

It took .... to ....
　　　　　　期間　　　　　　　　　　　　　　　　★取り組んだ内容

Finally we made it.

もっと使ってみよう

074　このレッスンの文法項目を使った例文をさらに見てみましょう。

❶ He is studying hard to be a system engineer.
　彼はシステムエンジニアになるために一生懸命勉強しています。

❷ We're trying hard to increase sales.
　売り上げアップのために一生懸命やっています。

❸ Are you ready to give a presentation?
　プレゼンをする準備はできましたか。

❹ I'm happy to hear that they have become interested in our product.
　彼らが私たちの商品に興味を持ったと聞いてうれしいです。
　(!) 喜びや驚きの原因を表す時にも不定詞が使えます。

❺ We will send some extra staff to the Chicago office to expand the market.
　市場を拡大するため，シカゴのオフィスにもう数名スタッフを増員することにします。

❻ 応用 How much does it cost to upgrade the hardware?
　そのハードウェアをアップグレードするのに，どのくらいコストがかかりますか。
　(!) コストを尋ねる表現。to 以下で，何に対するコストを知りたいか具体的に説明できます。

重要語句					
☐ typical	典型的な	☐ possible	可能な
☐ improve	〜を改良する	☐ make it	成功する
☐ extra	追加の	☐ cost	(費用が)かかる

95

LESSON 35 広告戦略について話す

ここで使う文法 不定詞の形容詞用法

不定詞の3つ目の用法は形容詞用法です。たとえば「読む（ための）本」、「すべき仕事」のように、普通の形容詞とはまた少し違った形で、名詞に情報を加えることができますね。

📖 文法要点チェック！ ➡ p.166

🔊 075 ◆ケンが次の話題について切り出す

I'd like to go on to our new project. We wanted to start this project in order to promote overseas sales of the MTPhone, especially in Asia. We are thinking about an advertising strategy to do this. We must have something very efficient to improve sales. Do you have any comments on this?

和訳 では次に、新しく立ち上げたプロジェクトの件に移らせていただきます。
　このプロジェクトを立ち上げたのは、海外での、特にアジア圏でのMTPhoneの販売を促進するためです。現在そのための広告戦略を考えているところです。売り上げを伸ばすための何か非常に効果的な取り組みを行わなければなりません。
　これに関して、何か意見はございますか。

35 広告戦略について話す

My フレーズをつくろう

🖥 ★印は Web の My フレーズリストへ　➡ 詳細 p.9

以下の空欄に，自分自身に当てはまる言葉を入れ，声に出して練習してみましょう。

We are thinking about ....
　　　　　　　　　　　　　　　★販売促進のための対策

to promote overseas sales of ....
　　　　　　　　　　　　　　　　　　　　　　商品

Do you have any comments on this?

もっと使ってみよう

🔊 076　このレッスンの文法項目を使った例文をさらに見てみましょう。

❶ I have a lot of work to do today.
今日はやらなければならない仕事がたくさんあるのです。
❗ たとえば参加できない食事の誘いに対し，このような表現を使って断ることができますね。

❷ I don't have enough time to prepare for the conference.
会議の準備をする時間が十分にありません。

❸ Would you give me some time to think it over?
しばらく考える時間をいただけますか。

❹ Do you have any ideas to persuade them?
彼らを説得する方法は何かありますか。

応用
❺ I'm not in a position to make a decision.
私は決定を下す立場にありません。
❗ 決定を迫られた時に使える表現です。

応用
❻ This exhibition will be the place to give you the opportunity to experience our latest technology.
今回の展示会は，当社の最新技術を体験してもらう機会を提供する場となります。

重要語句			
☐ in order to *do*	…するために	☐ especially	とりわけ，特に
☐ advertising strategy	広告戦略	☐ efficient	効果的な
☐ comment	意見	☐ persuade	〜を説得する
☐ exhibition	展示会	☐ opportunity	機会

英語で言ってみよう！⑦

次の日本語の文を英語に直して言ってみましょう。わからなければ、右ページの解答例とともに示されている ➡ のページに戻って復習してください。

① お時間をとっていただきありがとうございます。

　　できたらチェック！

_____ ☐

② 彼がこのプロジェクト推進の責任者です。

_____ ☐

③ この会議の目的は，当社の新製品をご紹介することです。
　　＊〜を紹介する＝ introduce

_____ ☐

④ 主要な機能について，ご説明したいと思います。

_____ ☐

⑤ 何をご注文なさいますか。

_____ ☐

⑥ いくつか実例をお見せしたいと思います。
　　＊実例＝ example

_____ ☐

⑦ これを改善するために，私たちはまず何をしたらいいでしょうか。
　　＊まず，最初に＝ first

_____ ☐

⑧ それをゆっくり考える時間がありません。
　　＊〜をよく考える＝ think over

_____ ☐

077
【解答例】
① Thank you for taking the time. ➡ p.88
② He is in charge of promoting this project. ➡ p.88
③ The purpose of this meeting is to introduce our new product. ➡ p.90
④ I want to explain the main functions. ➡ p.90
⑤ What would you like to order? ➡ p.92
⑥ I'd like to show you some examples. ➡ p.92
⑦ To improve this, what should we do first? ➡ p.94
⑧ I don't have enough time to think it over. ➡ p.96

ここでも使える！ 〜掲示〜

セミナーなどの新クラスの案内をする掲示。学校の掲示版をイメージしましょう。こんなところでも，Lesson 34 で取り上げた不定詞の副詞用法が活躍しています。「登録するためには」と，目的を明確に伝え，その目的を達成するための手段を後ろに続けています。

New Chinese classes will start in April. To register for classes, please fill out the registration form and submit to Reception.

【和訳】
新しい中国語のクラスが4月に始まります。クラスに登録するためには，登録用紙に記入し，受付にご提出ください。

LESSON 36 会社への行き方を尋ねる

ここで使う文法 how to *do*・what to *do*

'how to *do*' は「どうやって…するか」, 'what to *do*' は「何を…するか」です。同様に, 'where to *do*' なら「どこで…するか」, 'when to *do*' なら「いつ…するか」という意味になります。

文法要点チェック！ ➡ p.166

◆新規の営業先に電話をかけるケン

Hello. This is Mr. Shimada of SAKURA Digital. Could I call at your office around 5? I'd like to show you the catalogs of our new lines.
— Would you tell me **how to** get to your office? I don't know exactly **where to** get off the bus.
— Thank you.
(Now I have to decide **what to** talk about with them …)

和訳 もしもし。さくらデジタル社の島田です。5時ごろ御社に伺ってもよろしいでしょうか。当社の新製品のカタログをお持ちしたいのですが。——そちらへどうやって行けばよいか教えていただけますか。バスを降りるところがよくわからないもので。——ありがとうございます。
(さあ, この会社で何を話すべきか考えておかなくては…。)

36 会社への行き方を尋ねる

My フレーズをつくろう

★印は Web の My フレーズリストへ　➡ 詳細 p.9

以下の空欄に，自分自身に当てはまる言葉を入れ，声に出して練習してみましょう。

Hello. This is ……………………………………………………… .
　　　　　　　　　　　　　自分の名前と所属

I'd like to show you ……………………………………………………… .
　　　　　　　　　　　　　　　　　　営業資料

Would you tell me …………………………… to …………………… ?
　　　　　　　　　★確認したい内容（疑問詞）　　★確認したい内容

もっと使ってみよう

079　このレッスンの文法項目を使った例文をさらに見てみましょう。

❶ I'll show you how to use the copier.
　コピー機の使い方を教えてあげましょう。

❷ Look at this manual. It shows you how to operate the machine.
　このマニュアルを見てみてください。機械の操作の仕方が載っています。

❸ The question is how to increase sales.
　問題は，どのように売り上げを伸ばすかだ。

❹ Please list up what to discuss in the meeting.
　会議で何を話し合うかを列挙しておいてください。
　❗ 会議の出席者に送るメールなどで，事前に議題を募りたい時に使える表現。

❺ Do you know when to start the project?
　そのプロジェクトがいつ始まるか，知っていますか。
　❗ 「いつ始まりますか」と直接聞くより，「いつ始まるか知っていますか」と言うほうが丁寧な印象ですね。

応用
❻ Let's decide how much to invest in it.
　それにいくら投資するかを決めましょう。

重要語句	☐ call at ~	~を訪問する	☐ line	商品（の型）
	☐ get to ~	~に着く	☐ exactly	正確に
	☐ get off ~	~を降りる	☐ decide	~を決める
	☐ invest in ~	~に投資する		

101

LESSON 37 他社の商品と比べる

ここで使う文法 比較級

日本語では「〜よりも小さい」と言いますが，英語では'smaller than 〜'と表します。「より小さい，何と比べてかと言うと，〜だ」の語順。この発想の違いにも注目してください。

📖 文法要点チェック！ ➡ p.166

🔊 080 ◆誤った資料を渡してしまったジャスティン社を再訪問

This product is <u>smaller</u> than other similar products. And it's **lighter**, too. It is **much easier** to use than the products of our competitors. This is <u>a little more expensive</u> than the former model.

和訳 この製品は他の類似品よりも小さめです。また，より軽くできています。他社の競合製品と比べてもずっと使いやすくなっています。こちらですと，以前のモデルよりも若干お値段が高くなります。

37 他社の商品と比べる

My フレーズをつくろう

★印は Web の My フレーズリストへ　➡ 詳細 p.9

以下の空欄に，自分自身に当てはまる言葉を入れ，声に出して練習してみましょう。

This product is .... than other similar products.
製品の特徴

It is much easier to use than for the products of our competitors. This is .... more
★比較を強める〔弱める〕表現

expensive than the former model.

もっと使ってみよう

081　このレッスンの文法項目を使った例文をさらに見てみましょう。

❶ This product is more practical.
こちらの製品のほうがより実用的です。

❷ It's more compact than the others.
それは，他のものよりもサイズがコンパクトです。
❕ 他のすべての製品（the others）と比べて描写する時の表現です。

❸ For office use, this model is much better than the other.
オフィス用でしたら，こちらの機種のほうがそちらよりもずっといいです。
❕ 他の製品（the other）と比べて，「こちらはより〜です。」と言いたい時に使います。

応用
④ It is much simpler to handle than our old models.
取り扱いが，古いモデルよりずっとシンプルになりました。
❕「〜よりずっと」と比較級を強めるには，前に much を置きます。逆に弱める時は a little を用います。

応用
⑤ Would you be more specific?
もっと具体的に言っていただけますか。

応用
⑥ It needs less space.
それはスペースをあまりとりません。

重要語句				
☐ similar	類似の	☐ competitor	競合相手
☐ expensive	値段が高い	☐ former	前の
☐ practical	実用的な	☐ handle	〜を扱う〔操作する〕
☐ specific	具体的な		

LESSON 38 自社商品を売り込む

ここで使う文法 最上級

最上級に the が付くのは，1つと特定できるからです。「一番お買い得な〜」，「一番売れ筋の〜」とナンバー1を特定できるので the を使うのです。

📖 文法要点チェック！ ➡ p.166

🔊 082 ◆ジャスティン社との商談が続く

For office use, this is **the best**. It's **the most reasonable**, I think. It is **our most popular** model, and receives **the best** reviews. That is **the cheapest** one, but it is a little more difficult to use. **The easiest** one to use is, unfortunately, **the most expensive**.

和訳 オフィスで使うのでしたら，こちらが一番お勧めです。一番リーズナブルだと思いますよ。弊社の商品で一番の人気モデルですし，最もよい評価を得ていました。そちらは最も低価格ですが，少し取り扱い方法が複雑です。扱いが一番簡単なものは，残念ながらお値段のほうも一番高いんですよ。

38 自社商品を売り込む

My フレーズをつくろう

★印は Web の My フレーズリストへ　➡詳細 p.9

以下の空欄に，自分自身に当てはまる言葉を入れ，声に出して練習してみましょう。

For office use, this is the best. It's .... ,
★商品の特長（最上級を用いて）

I think. It is our most popular model, and received

the best reviews. That is .... one,
★商品の特長（最上級を用いて）

but it is a little more difficult to use.

もっと使ってみよう

083 このレッスンの文法項目を使った例文をさらに見てみましょう。

❶ This is the best price.
　これが最大限の値引き価格です。

❷ This is the latest brochure.
　こちらが最新のパンフレットです。
　❗ the latest で「最新の」という意味。新しく販売する製品を説明する際にも使えます。

❸ This product has the best reputation.
　この製品は最高の評価を得ています。

❹ Late this month would be the best time to start the project.
　プロジェクトを開始するのは，今月の下旬がベストだと思います。
　❗ to 以下の内容を変えれば，使える幅も広がりますね。

❺ This design looks the most attractive of all.
　このデザインはすべての中で一番魅力的に見えます。

❻ 応用 Our company is one of the largest semiconductor manufacturers in Japan.
　当社は日本で最大の半導体メーカーの一つです。

重要語句				
☐ reasonable	手頃な，妥当な	☐ popular	人気のある
☐ receive	～を受け取る	☐ review	評価
☐ cheap	安い	☐ unfortunately	不運にも
☐ reputation	評判	☐ semiconductor	半導体

105

LESSON 39 返答のタイミングを伝える

ここで使う文法 接続詞 when

「…する〔した〕時」と言う場合に使うのが接続詞 when です。これを用いたことわざに 'When all men speak, no man hears.'（誰もがしゃべると, 聞き手がいなくなる）があります。

📖 文法要点チェック！ ➡ p.167

🔊 084 ◆先方の担当者からの質問を受けるケン

担当者 ： When can you deliver?

ケン ： It'll take about 2 weeks.

担当者 ： Would you give us a couple of days to think it over? We'll call you when we decide.

ケン ： Sure. Please contact me when you come to a decision.

和訳 担当者：いつ納品していただけますか。
ケン ：だいたい2週間くらいです。
担当者：もう2, 3日考えさせてもらえませんか。決定したらご連絡します。
ケン ：わかりました。結論が出ましたらご連絡ください。

39 返答のタイミングを伝える

My フレーズをつくろう

★印は Web の My フレーズリストへ　　➡ 詳細 p.9

以下の空欄に，自分自身に当てはまる言葉を入れ，声に出して練習してみましょう。

A: When can you deliver?

B: It'll take about ....
　　　　　　　　　　　納期までの期間

A: Would you give us a couple of days to think it over?

B: Sure. Please contact me when you ....
　　　　　　　　　　　　　　　　　　　　　　　　★連絡をもらうタイミング

もっと使ってみよう

🔊 085　このレッスンの文法項目を使った例文をさらに見てみましょう。

❶ We'll contact you when we have questions.
　疑問があれば連絡します。

❷ Would you call me when you have a chance?
　時間のある時にお電話をいただけますか。

❸ Will you call me when you get back to the office?
　会社に戻ったら電話してもらえますか。

❹ We'll let you know when we need any help.
　お手伝いが必要になりましたらお知らせします。
　❗「何か手伝うことはありますか」という問いに対して，この表現で応答できます。

❺ When you need any stationery or anything, just tell me.
　文具などが必要であれば，声をかけてくださいね。

❻ Please feel free to tell us when you have any suggestions to make.
　何か提案があれば，いつでも気軽に言ってください。
　❗ feel free to do で「遠慮なく…する」の意味。

重要語句		
	☐ deliver	〜を配達する〔納品する〕
	☐ contact	〜に連絡をとる
	☐ come to a decision	結論に至る

LESSON 40 もしもの場合について話す

ここで使う文法 接続詞 if

「もし…ならば」と条件を示す時, 接続詞 if を使います。「必要なら手伝います」は, 'I will help you if (it is) necessary.' と表します。なお, if は「…かどうか」の意味を表すこともあります。

📖 文法要点チェック！➡ p.167

🔊 086 ◆商談も終盤に差しかかり…

担当者 ：May I ask you about the price? What **if** we buy 10 units together?

ケン ：We can offer you a discount **if** you place a large order. **If** you have any problems, just tell me, please. We can give you a better offer.

和訳 担当者：価格についてお聞きしてもよろしいですか。もし10セットまとめて購入する場合はどうなりますか。
ケン：まとめてご注文いただきましたらお値引きさせていただきます。もし何かお困りのことがありましたら, おっしゃってください。サービスさせていただきますので。

40 もしもの場合について話す

My フレーズをつくろう

★印は WebのMyフレーズリストへ　→ 詳細 p.9

以下の空欄に、自分自身に当てはまる言葉を入れ、声に出して練習してみましょう。

A: May I ask you about the price? What if we buy 10 units together?

B: We can offer you a discount if you ....
　　★値引きの条件

If you have any problems, just .... ,
　　　　　　　　　　　　　　　　　★問い合わせを求める表現

please.

もっと使ってみよう

087　このレッスンの文法項目を使った例文をさらに見てみましょう。

① If you have any questions, please ask me at any time.
疑問点があれば、いつでも聞いてください。

② If anything happens, please contact me immediately.
何か起こったら、すぐに私に連絡してください。

③ We can give you a discount if you place a large order.
まとめて注文してくだされば、お値引きさせていただきます。
! place a large order は「大口で注文する」という意味です。

④ (応用) I wonder if the campaign will work.
キャンペーンはうまくいくだろうか。
! 自分の意見を明確に言うというよりも、何となく疑問に思っていることを口に出す時に使います。

⑤ (応用) I'll ask them if there are any stocks.
在庫があるかどうか聞いてみます。

重要語句				
☐ What if ...?	もし…だったらどうしましょう。			
☐ unit	一式、一個	☐ together	一緒に、まとめて
☐ discount	値引き	☐ place an order	注文する
☐ immediately	すぐに	☐ stock	在庫

英語で言ってみよう！⑧

次の日本語の文を英語に直して言ってみましょう。わからなければ，右ページの解答例とともに示されている ➡ のページに戻って復習してください。

できたらチェック！

① XYZ社にはどうやって行けばよいか教えてくれますか。

_____ ☐

② 私はこのソフトをどうやって使うのかわかりません。

_____ ☐

③ こちらのモデルは若い人たちの間で，より人気があります。
　　＊～の間で＝ among ／人気がある＝ popular

_____ ☐

④ これは当社で最も人気のある機種の一つです。

_____ ☐

⑤ 決定したら連絡をいただけますか。

_____ ☐

⑥ 会社に戻ったら，お電話いたします。

_____ ☐

⑦ 10ダースまとめてご購入いただければ，10％お値引きいたします。
　　(Weで始めて)　＊ダース＝ dozen

_____ ☐

⑧ 問題があれば，すぐに連絡してください。(Ifで始めて)
　　＊すぐに＝ immediately

_____ ☐

英語で言ってみよう！⑧

解答例

① Will you tell me how to get to XYZ Company? → p.100
② I don't know how to use this software. → p.100
③ This model is more popular among young people. → p.102
④ This is one of our most popular models. → p.104
⑤ Would you contact us when you decide? → p.106
⑥ I'll call you when I get back to the office. → p.106
⑦ We can offer you a 10% discount if you buy 10 dozen. → p.108
⑧ If you have any problems, please contact me immediately. → p.108

ここでも使える！　〜説明書〜

製品の使い方を説明する文章では，Lesson 36 で学んだ how to do の形が用いられる場合があります。もしかしたら，海外製品を買った時に英語版の説明書をもらうかもしれません。その時にはぜひ読解に挑戦してみてください。きっと同じようなフレーズが使われているはずですよ。

This section provides information about how to install new software. After closing all programs, please follow the procedure given below.

和訳

このセクションでは，新しいソフトウェアのインストール方法に関する情報を提供しています。すべてのプログラムを閉じた後，以下の手順に従ってください。

LESSON 41 要望に添えないことを伝える

ここで使う文法 I'm afraid ... と I'm sorry ...

ビジネスシーンの会話では，簡潔な前置きの言葉がとても重要です。I'm afraid ...（あいにく…）や I'm sorry ...（申し訳ありませんが…）の一言を加えるだけで，格段に相手の印象がよくなります。

🔊 089 ◆納期について要望を受ける

担当者 ： In fact, we're in a hurry for the items. 2 weeks is too long.

ケン ： All right. I'll check the stock right now.
（会社に電話して）**I'm sorry** I can't give you an answer on that at the moment. I'll ask the factory manager when I get back. **I'm afraid** we can't provide an instant delivery. But we can manage to deliver within 10 days, if the units are available.

和訳 担当者：実のところ，早急に品物が欲しいんですよ。2週間は遅すぎますね。
ケン ：わかりました。今すぐ在庫を確認してみます。
（会社に電話して）申し訳ありませんが，今この場ではお返事ができません。社に戻り次第，工場長に聞いてみます。おそらくすぐに納品というわけにはいきませんが，在庫があれば10日以内にはなんとか納品できると思います。

41 要望に添えないことを伝える

My フレーズをつくろう

★印は Web の My フレーズリストへ　➡ 詳細 p.9

以下の空欄に,自分自身に当てはまる言葉を入れ,声に出して練習してみましょう。

A: In fact, we're in a hurry for ....
　　　　　　　　　　　　　　　　　　　　　　★入手したいもの

　2 weeks is too long.

B: I'll ask .... when I get back.
　　　　　　★納期を確認する相手

　I'm afraid we can't provide an instant delivery.

もっと使ってみよう

このレッスンの文法項目を使った例文をさらに見てみましょう。

❶ I'm afraid I can't meet you that day.
あいにく,その日はお会いできません。
  > ミーティングの日程調整の際などに,このような一言でその日は都合が悪いことを言い表せます。

❷ I'm afraid Mr. Suzuki is out of the office.
あいにくですが,鈴木は外出しております。

❸ I'm afraid the items are out of stock right now.
あいにくですが,その製品はただいま在庫切れです。

❹ I'm sorry to be late.
遅れて申し訳ありません。
  > 会議に遅刻した場合,待ち合わせに遅れた場合など,さまざまな場面で役立つ表現です。

❺ I'm sorry I don't have the sample with me today.
申し訳ありませんが,今日はサンプルを持ってきていません。

⑥ 応用 We are very sorry the items will be delayed a week.
商品到着が1週間遅れることとなり,大変申し訳ございません。

重要語句

☐ in fact	実は	☐ check	～を調べる
☐ provide	～を供給する	☐ instant	即時の
☐ delivery	配達,納品	☐ manage to *do*	なんとか…する
☐ within	～以内に	☐ out of stock	在庫切れで
☐ be delayed	遅れる		

LESSON 42 意図や考えを相手に伝える

ここで使う文法 I think/hope (that) ... と You mean (that) ...?

日本語の「…と思います」は，英語の語順では「私は思います，…と」となります。聞き手が受ける印象は日本語の場合とまったく違います。You mean ...? は「…という意味ですね」と相手の意図を確かめる表現です。

◆次の営業先，レッドモータース社にて

ケン : I have some catalogs of our new products here. **I was hoping that** you'd think about replacing some of your office appliances.

担当者 : **I don't think** we can afford to make a large investment in the office now.

ケン : **You mean** you are quite satisfied with everything at the moment?

担当者 : Well, yes ...

和訳
ケン : こちらが新製品のカタログです。御社では機器の買い替えなどをお考えではないかと思いまして。
担当者 : 今のところ，弊社にはオフィスに多額の投資をするような余裕はないと思いますので。
ケン : では，現状で十分満足なさっているということでしょうか。
担当者 : ええ，まあ…。

42 意図や考えを相手に伝える

My フレーズをつくろう

★印は WebのMy フレーズリストへ　➡ 詳細 p.9

以下の空欄に，自分自身に当てはまる言葉を入れ，声に出して練習してみましょう。

I have some catalogs of our new products here.

I was hoping that you'd think about replacing

....

★オフィスの備品・機器

もっと使ってみよう

(♪ 092) このレッスンの文法項目を使った例文をさらに見てみましょう。

❶ **I think** we should change our plan.
我々の計画を変更すべきだと私は思います。

❷ **I think** the quality is very good, but the price is rather high.
品質はとてもよいと思いますが，価格が若干高めですね。

❸ **I hope** you like it.
気に入っていただけるとうれしいです。
> 同僚に，出張からのお土産を渡す際などに使ってみましょう。

❹ **I hope** the event will be successful.
そのイベントが成功することを願っています。

❺ **You mean** you disagree about this matter?
それでは，この件には賛成できないということですか。
> 会議中，曖昧な発言をする相手に，この表現を使ってはっきりと意思確認してみましょう。

❻(応用) **You mean that** it is all our fault?
それでは，あなたはその過失がすべて私たちにあると言うのですね。

重要語句				
☐ replace	～を取り替える	☐ office appliance	オフィス機器
☐ afford to ～	～を買う余裕がある	☐ investment	投資
☐ be satisfied with ～	～に満足している		
☐ quality	品質	☐ rather	いくぶん，やや
☐ disagree	賛成できない	☐ fault	失敗

LESSON 43 自信を持って商品を提案する

ここで使う文法 I'm sure ... と Make sure ...

sure という単語は会話で大活躍する伏兵です。「私は…と確信しています，きっと…だと思います」と言う時には，'I'm sure ...' で表します。まさに確信に満ちた言い方ですね。

🔊 093 ◆担当者に商品の説明をするケン

ケン : **I'm sure** you'll be able to cut down on costs by using our products. Our products use less electrical power during stand-by time.

担当者 : We'll think about it. Please let me have the catalog. Don't call us, we'll call you later.

ケン : Please **make sure** you check your electricity bill this month. I can show you some examples of good results with other companies, if you wish.

和訳
ケン ：当社の製品をお使いいただきますと，きっとコスト削減を実現できます。当社の製品は待機電力が少なくて済むからです。
担当者：ちょっと考えてみます。そのカタログをいただけますか。電話はご遠慮ください，必要があればこちらからかけますので。
ケン ：忘れずに今月の電気料金をチェックしてみてください。ご希望であれば，他社の成功例をお見せいたします。

43 自信を持って商品を提案する

My フレーズをつくろう

★印は Web の My フレーズリストへ　➡ 詳細 p.9

以下の空欄に，自分自身に当てはまる言葉を入れ，声に出して練習してみましょう。

A: I'm sure you'll be able to ....
　　　　　　　　　　　　　　　　　★製品を使ってできること

　by using our products.

B: We'll think about it. Please let me have the catalog.

もっと使ってみよう

094　このレッスンの文法項目を使った例文をさらに見てみましょう。

❶ I'm sure you can make it.
　きっとうまくやれるよ。
　（!）新しいプロジェクトを任された同僚に一言。こう言われたら，同僚も自信がつきますね。

❷ I'm sure I can finish this work on schedule.
　きっと予定通りにこの仕事を終えられると思います。
　（!）仕事の進捗を聞かれた際，堂々とこう答えられたら好感度がアップすること間違いなし！

❸ Make sure you get a receipt.
　必ずレシートをもらっておいてください。
　（!）Make sure ... は「必ず…しなさい」という言い方です。

❹ Make sure before saving files that the figures are correct.
　数値が正しいかどうか，ファイル保存の前に必ず確かめてください。

⑤応用 I'm not sure if he is the right person for this position.
　この役職に彼が適任であるかどうか，私にはよくわかりません。

⑥応用 I'll make sure she receives the message.
　必ず彼女に伝言をお伝えします。

重要語句			
☐ cut down on costs	コストを削減する		
☐ less	より少ない	☐ electrical power	電力
☐ during stand-by time	待機中に	☐ make sure ...	きっと…する
☐ on schedule	予定通りに		
☐ receipt	レシート		

LESSON 44 工程を説明する

ここで使う文法 受動態（平叙文）

中学で習ったとおり，受動態は 'be 動詞＋過去分詞' で表します。be 動詞は「＝の記号」のようなものと考えて，「主語＝…された状態にある」というのが受動態の基本的な考え方なのです。

📖 文法要点チェック！ ➡ p.167

🔊 095 ◆工場に電話して在庫状況を確認する

ケン ：I'd like to check the inventory. Do you have the A-101s in stock there?

工場長 ：I'm afraid the A-101s are out of stock right now. But they could <u>be ordered</u> immediately.

ケン ：Would you call me the moment they <u>are delivered</u> to the warehouse? I'm <u>worried</u> about the schedule.

工場長 ：The inventory <u>is checked</u> regularly here. Don't worry about that. I'll see to it.

和訳
ケン ：在庫を確認したいのですが。そちらに，A-101 の在庫はありますか。
工場長 ：あいにく今は在庫切れです。でもすぐ発注することもできます。
ケン ：では，倉庫に届き次第すぐに連絡をいただけますか。スケジュールが心配なのです。
工場長 ：こちらでは定期的に在庫状況がチェックされています。問題ありませんよ。私が責任を持ってやりますので。

44 工程を説明する

My フレーズをつくろう

★印は WebのMyフレーズリストへ　➡ 詳細 p.9

以下の空欄に，自分自身に当てはまる言葉を入れ，声に出して練習してみましょう。

A: I'm afraid the A-101s are out of stock right now.

But they could be ....
　　　　　　　　　　　★対応策

B: Would you call me the moment they are

.... ? I'm worried about ....
★連絡のタイミング　　　　　　　　　　　　　　　　懸念事項

もっと使ってみよう

このレッスンの文法項目を使った例文をさらに見てみましょう。
096

❶ Our company was founded in 1950.
当社は 1950 年に設立されました。

❷ Our proposal was turned down by the management.
我々の提案は，経営陣によって却下されました。
> 提案が受け入れられたのかどうか問われた際，結果報告としてこの表現が使えますね。

❸ The shipment will be delayed 2 weeks.
出荷は2週間遅れます。

❹ The conference will be held in early September.
その会議は9月上旬に開催されます。
> 会議の日程をメールで告知する時に，必ず使える表現です。

応用
❺ Mr. Nakajima is going to be transferred to the Sapporo office.
中島さんが札幌支店に転勤することになりました。
> transfer（転勤する）の過去分詞形はスペルに注意。

重要語句			
☐ inventory	在庫	☐ have ～ in stock	～の在庫がある
☐ the moment ...	…したらすぐに	☐ warehouse	倉庫
☐ be worried about ～	～を心配している		
☐ regularly	定期的に	☐ see to it	責任を持つ
☐ found	～を設立する	☐ proposal	提案
☐ shipment	出荷		

LESSON 45 クレームを受ける

ここで使う文法 受動態（疑問文と否定文）

'It is ＋過去分詞.' の形の受動態の疑問文は 'Is it ＋過去分詞？' の形になります。'It will be ＋過去分詞.' の形の場合は，疑問文は，'Will it be ＋過去分詞？' の形です。

文法要点チェック！ ➡ p.167

◆顧客から苦情の電話が入る

顧客：I was so disappointed to find the digital copier was out of order.

ケン：What's wrong with it?

顧客：I don't know. The documents <u>are not</u> properly <u>printed</u> out.

ケン：I don't think there can be anything seriously wrong with it. I'll send someone to fix it right away.

顧客：<u>Will</u> it <u>be repaired</u> promptly?

ケン：Sure. The seviceman will be right there.

和訳 顧客：この間のデジタルコピー機が壊れてしまって，非常にがっかりしているよ。
ケン：どんな具合ですか。
顧客：わからないんだ。書類がちゃんと印刷できないんだよ。
ケン：それほどひどい故障ではないと思います。担当の者にすぐに修理に向かわせます。
顧客：すぐに直るんだろうね。
ケン：もちろんです。修理の者がすぐに伺います。

45 クレームを受ける

My フレーズをつくろう

★印は Web の My フレーズリストへ　➡ 詳細 p.9

以下の空欄に，自分自身に当てはまる言葉を入れ，声に出して練習してみましょう。

A: What's wrong with it?

B: The documents ....
　　　　　　　　　　　　　　★不具合の内容

　　Will it be .... ?
　　　　　　　　　　★修理依頼の内容

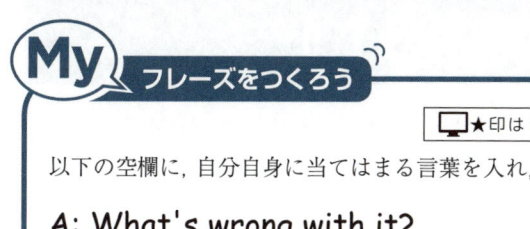

A: Sure.

もっと使ってみよう

このレッスンの文法項目を使った例文をさらに見てみましょう。

❶ Are tax and insurance included in the price?
　税と保険は価格に含まれていますか。

❷ When will it be delivered?
　いつ納品になりますか。
　　! 品物を発注する際，このフレーズを使って納品日も確認してみましょう。

❸ This work won't be finished by tomorrow.
　明日までにこの仕事は終わらないだろう。

④【応用】 The schedule won't be rearranged.
　スケジュールは再調整されません。

⑤【応用】 A cancellation cannot be accepted at this point.
　この時点ではキャンセルはお受けできません。
　　! We cannot accept 〜よりも耳ざわりのよい表現になっています。

重要語句			
☐ be disappointed to *do*	…してがっかりする		
☐ out of order	故障している		
☐ What's wrong with 〜?	〜はどこが悪いのですか。		
☐ properly	きちんと，適切に		
☐ promptly	迅速に	☐ serviceman	修理担当者
☐ insurance	保険	☐ cancellation	キャンセル

英語で言ってみよう！⑨

次の日本語の文を英語に直して言ってみましょう。わからなければ，右ページの解答例とともに示されている ➡ のページに戻って復習してください。

① 申し訳ありませんが，今この場では決断いたしかねます。
　＊決断する ＝ make a decision

② あいにくですが，1週間以内の納品はいたしかねます。

③ コンピュータシステムを取り替えるべきだと思います。
　＊～を取り替える ＝ replace

④ では，現在のシステムには満足していないということですね。
　＊現在の ＝ present ／ ～に満足する ＝ be satisfied with ～

⑤ 当社のサービスに必ずご満足いただけると思います。

⑥ 品物はただちに配達されるでしょう。

⑦ 在庫は定期的にチェックされなければなりません。

⑧ この部分はそれほどひどく損傷していません。
　＊～を傷つける ＝ damage

【解答例】

① I'm sorry I can't make a decision at the moment. ➡ p.112
② I'm afraid we can't make the delivery within a week. ➡ p.112
③ I think we should replace the computer systems. ➡ p.114
④ You mean you are not satisfied with the present system. ➡ p.114
⑤ I'm sure you'll be satisfied with our service. ➡ p.116
⑥ The items will be delivered immediately. ➡ p.118
⑦ The inventory must be checked regularly. ➡ p.118
⑧ This part isn't so badly damaged. ➡ p.120

ここでも使える！　〜求人広告〜

求人広告で使用される単語やフレーズは，だいたい決まっています。Lesson 44 で扱った受動態を含む '○○ is wanted for 〜' で，これは「○○が〜に対して要求されている」という意味。つまり for 以下のポジションに対して○○という人材を募集しているという意味になります。定型のフレーズはどんな時でも読みこなせるように頭にインプットしておきたいですね！

An administrative assistant is wanted for an international bank. Applicants must have a college degree and working experience in the banking industry.

【和訳】
国際銀行が一般職員を募集しています。応募者は大学の学位と，銀行業界での職務経験が必要となります。

LESSON 46 クレームを報告する

ここで使う文法 現在完了（完了用法）

現在完了は'have ＋過去分詞'で表します。have が現在時制であることに深い意味があり、「私は…したということを（今）持っている」というニュアンスから、「完了」を表すのです。

文法要点チェック！ ➡ p.167

◆コピー機の不具合をさっそく報告するケン

ケン ：I **have** just **received** a phone call from a customer. He said there is something wrong with their digital copier.

担当者：We **have** just **found** a slight bug in that product, and were about to inform you of the matter.

ケン ：**Have** you **solved** the problem yet?

担当者：Not yet. But it's not very serious. It'll be fixed soon.

和訳 ケン ：たった今お客様から電話があって、デジタルコピー機の調子が悪いそうなんです。
担当者：その製品でちょっとしたバグが見つかってね。ちょうどその問題を連絡しようと思っていたところなんだ。
ケン ：もう解決しているんですか。
担当者：いやまだなんだ。でもそんなに重大な欠陥ではないから、すぐに直ると思うよ。

46 クレームを報告する

My フレーズをつくろう

★印は WebのMyフレーズリストへ　➡ 詳細 p.9

以下の空欄に，自分自身に当てはまる言葉を入れ，声に出して練習してみましょう。

A: I have just received ……………………… from ……………… .
　　　　　　　　　　　　★受け取ったもの　　　　　　★相手の人

B: We have just found ………………………………………………… .
　　　　　　　　　　　　　　　　★発覚した問題の内容

もっと使ってみよう

101　このレッスンの文法項目を使った例文をさらに見てみましょう。

❶ We have already settled the matter.
その件についてはすでに解決済みです。
　❗ 議論されていた件や問題が，一件落着したことを伝える便利な表現です。

❷ All items have been delivered without trouble.
商品はすべて問題なく配達されました。

❸ We have increased the annual sales this year.
今年は年間売り上げが増加しました。

❹ I haven't finished the work yet.
まだその仕事を終えていません。

❺ Have you arranged the meeting with XYZ Company?
XYZ社との打ち合わせは手配してありますか。

❻ (応用) I'm very sorry to have kept you waiting so long.
長くお待たせしてしまって，本当に申し訳ありません。
　❗ 長い間返答ができなかった場合や，品物の納品が遅れた場合などに使えます。

重要語句			
☐ there is something wrong with ~	~の具合がおかしい		
☐ slight	ささいな	☐ bug	バグ，欠陥
☐ be about to do	まさに…しようとする		
☐ inform A of B	AにBについて知らせる		
☐ solve	~を解決する	☐ serious	重大な，深刻な
☐ settle	~を解決する	☐ arrange	~を手配する

LESSON 47 履歴を確認する

ここで使う文法 現在完了（経験用法）

現在完了には「（今までに）…したことがある」という「経験」を表す用法もあります。「〜に行ったことがある」「〜を食べたことがある」など，広く応用がきく表現です。

文法要点チェック！ → p.167

◆お客様からの電話に対応するケン

顧客　：I'd like to order a digital printer.

ケン　：**Have** you **ordered** any products from us before?

顧客　：Yes, once, I think.

ケン　：Then we have your name in our customer list. **Have** you **received** our catalog before?

顧客　：No, we **haven't**.

ケン　：The latest catalog of our new lines is now available. We can send you the catalog first, if you like.

和訳
顧客：デジタルプリンターを注文したいのですが。
ケン：以前当社の製品をご注文いただいたことはありますか。
顧客：ええ，一度あったと思います。
ケン：それでしたらお名前が顧客リストに登録されております。以前にカタログは受け取られていますか。
顧客：いいえ，受け取っていません。
ケン：今でしたら新製品のカタログがございます。よろしければ，まずカタログをお送りいたしましょう。

47 履歴を確認する

My フレーズをつくろう

★印は Web の My フレーズリストへ　➡ 詳細 p.9

以下の空欄に，自分自身に当てはまる言葉を入れ，声に出して練習してみましょう。

A: Have you ordered any products from us before?

B: ....
　　★経験を問う質問に対する答え

A: Have you received .... before?
　　　　　　　　　　　　　　　★注文・請求した商品

B: No, we haven't.

もっと使ってみよう

このレッスンの文法項目を使った例文をさらに見てみましょう。

❶ Have you used this system before?
　このシステムを使ったことがありますか。

❷ Have you tried our services?
　当社のサービスを試されたことはありますか。
　> 顧客に対し，過去に自社製品を試したことがあるのか知りたい時に使えます。

❸ Have you ever checked our homepage?
　当社のホームページをご覧になったことはありますか。

❹ We have made some sales calls to that company, but they showed no interest.
　その会社には何度か営業に行きましたが，まったく関心を示してくれませんでした。

❺ Have you ever been to our Shanghai branch?
　これまでに上海支店に行ったことはありますか。
　> 'to ～' に場所の名前を入れ，「～に行ったことがありますか」と聞くことができる便利な表現です。

❻ I've never used this type of database software.
　このタイプのデータベースソフトは使ったことがありません。

重要語句　□ order　　～を注文する　　□ customer list　　顧客名簿

LESSON 48 売上動向について話す

ここで使う文法 現在完了（継続用法）

現在完了の基本の意味は，「いつと特定はできないが，今までにこういうことをした〔こういうことが起きた〕」ということ。継続用法では，それが「ずっと続いてきた」ことを表します。

📖 文法要点チェック！ ➡ p.168

🔊 104 ◆ケンとリサが参加する課内のミーティング

リサ : Our sales have been down these past three months. We have lost some important customers recently. What should we do?

ケン : But sales in the Kansai area have been up by 10% since last month. The campaign has worked well. Look at this graph. It shows that sales this month have increased especially in the Kansai area.

リサ : You mean we should try a similar campaign in the Kanto area?

ケン : Yes. I suggest we try much harder to break into new markets, as well.

和訳 リサ：会社の売り上げがこの3カ月間落ちているわ。最近は大切なお客様を何件か失ってしまったし。どうしたらいいのかしら。
ケン：でも，関西地区の売り上げは先月から10％も伸びているよ。キャンペーンの効果が出ているんだ。このグラフを見て。これを見ると，今月の売り上げは特に関西地区で上昇している。
リサ：つまり，関東地区でも同様のキャンペーンをすべきということ？
ケン：その通り。それと，新規市場をもっと開拓する努力をすべきだと思う。

48 売上動向について話す

My フレーズをつくろう

★印は WebのMyフレーズリストへ　➡ 詳細 p.9

以下の空欄に，自分自身に当てはまる言葉を入れ，声に出して練習してみましょう。

A: Our sales have been ....
　　　　　　　　　　　　　　　★売り上げの状況

B: Sales in the Kansai area have been up by 10% since last month. .... has[have] worked well.
　　　　　　　　　　　　　　★施策

もっと使ってみよう

105　このレッスンの文法項目を使った例文をさらに見てみましょう。

❶ Our sales in the Kanto area have been down since last year.
関東地区での当社の売り上げは去年から落ち込んでいます。
! 売上報告の際に使える表現。現在完了を使い，継続的に売り上げが落ち込んでいることを伝えられます。

❷ We've been in the red for the past three years.
当社はこの3年間ずっと赤字です。

❸ I've been out of the office all day today.
今日はずっと社外に出ていました。

❹ I've worked in this field for 20 years.
この分野で20年の経験があります。

❺ I'm sorry I haven't kept in touch.
ずっとご連絡をせずに申し訳ありません。

❻ I've heard a lot about you from Mr. Kawaguchi.
川口さんからあなたのことはよく伺っております。
! 初めて会った人に対して使えるフレーズです。上手に使えばお互いに親近感を持てるはず！

重要語句	□ past	過去の	□ recently	最近
	□ break into ~	~に入り込む〔食い込む〕		
	□ as well	その上，また	□ keep in touch	連絡を取り合う

LESSON 49 会議で意見を述べる

ここで使う文法 間接疑問

疑問詞や if で始まる節が文の中に組み込まれた形が間接疑問です。'I wonder...' の形は「…かしら」というニュアンスで，相手は「何が不思議なのかな？」と心の準備をして聞くことになります。

📖 文法要点チェック！ ➡ p.168

◆ミーティングでの議論は続く

リサ ： I wonder **if the campaign will work**. I doubt **if our sales will increase through the campaign**.

ケン ： Would you mind if I show you another example?

リサ ： Please, go ahead.

ケン ： I wonder **why some of our customers have deserted us**. This research shows **why they were not satisfied with our products**.

和訳
リサ：私はキャンペーンがうまくいくかどうか心配だわ。そのキャンペーンをやって，本当に売り上げが伸びるかしら。
ケン：もう一つ実例を挙げてもいいかな。
リサ：もちろん，言ってみて。
ケン：僕は，どうして顧客の数社がうちから離れてしまったのかが不思議だった。この調査から，彼らがうちの製品になぜ満足していないのかがわかるんだ。

49 会議で意見を述べる

My フレーズをつくろう

★印は WebのMy フレーズリストへ　➡ 詳細 p.9

以下の空欄に，自分自身に当てはまる言葉を入れ，声に出して練習してみましょう。

I wonder if .... will work.
　　　　　　　★施策・キャンペーン

I doubt if our sales will increase through it.

もっと使ってみよう

107　このレッスンの文法項目を使った例文をさらに見てみましょう。

❶ Tell me what it is like.
　それがどういうものなのか，説明してくれないか。
　　❗ 見たことのない新しい製品や機能について，描写や説明を求める時に使えます。

❷ I know how you feel.
　お気持ちはわかります。
　　❗ 相手の意見に対して「同意はできないけれど，気持ちを理解することはできる」と上手に伝えてみましょう。

❸ May I ask how much it is, again?
　おいくらでしたでしょうか。

❹ Will you explain how this system works?
　このシステムがどのように動作するかを説明してくれませんか。

❺ The problem is how we can achieve our targets.
　問題は，いかにして我々の目標を達成するかだ。

（応用）
❻ Can you give me your comments on how we should improve our market share?
　市場のシェアをいかにして伸ばすか，君の意見を聞かせてくれないか。

重要語句	☐ Would you mind if ...?	…しても構いませんか。		
	☐ Go ahead.	どうぞ。		
	☐ desert	～から離れる	☐ explain	～を説明する
	☐ achieve	～を達成する	☐ target	目標

LESSON 50 成功を確約する

ここで使う文法 使役動詞

make は「無理やりさせる」, have は「(仕事として) させる [してもらう]」, let は「(したいように) させる」, get は「(説得して) させる」というニュアンスの差があるので注意。

📖 文法要点チェック！ ➡ p.168

🔊 108 ◆コピー機の不具合の件を上司に報告する

ケン : ... So I will **have someone in the Service Center call** on them to fix it tomorrow.

上司 : OK. **Let me know** when the matter is fixed. How about the sales call today?

ケン : I gave a new catalog to Red Motors. I will **get them to place** a large order.

和訳 ケン：…それで，明日サービスセンターの人に修理に行ってもらうつもりです。
上司：わかった。その件が解決したら教えてくれ。それで，今日の営業はどうだった？
ケン：レッドモータース社に新しいカタログを届けました。大口の注文をとってみせますよ。

50 成功を確約する

My フレーズをつくろう

★印は Web の My フレーズリストへ　➡ 詳細 p.9

以下の空欄に、自分自身に当てはまる言葉を入れ、声に出して練習してみましょう。

A: So I will have someone .... tomorrow.
　　　　　　　　　　　　　★依頼内容

B: OK. Let me know ....
　　　　　　　　　　　　　★連絡のタイミング

もっと使ってみよう

109　このレッスンの文法項目を使った例文をさらに見てみましょう。

❶ Let me confirm your order.
ご注文を確認させていただきます。

❷ If there are any questions, please let us know.
何かご質問があれば、お知らせください。
　! 対面でも電話でも、そしてメールでも使える便利な表現。スムーズに使えるまで練習しましょう！

❸ You should have a serviceman fix this computer.
このコンピュータは修理の人に直してもらったほうがいいよ。

❹ I'll have him call you when he comes back.
彼が戻ってきたら電話させます。
　! 電話の相手から、折り返しの電話を要求された時に使えるフレーズです。

⑤ (応用) I made myself work until midnight yesterday.
昨日は無理して真夜中まで仕事をしたよ。

⑥ (応用) Our boss has a policy of not making us do overtime.
うちの上司は残業をさせない主義だ。

| 重要語句 | □ policy | 方針 | □ do overtime | 残業をする |

英語で言ってみよう！⑩

次の日本語の文を英語に直して言ってみましょう。わからなければ，右ページの解答例とともに示されている ➡ のページに戻って復習してください。

① プリンターにちょっとした欠陥が見つかりました。
＊欠陥 ＝ bug

_____

② カタログをご注文いただいたことがございますか。

_____

③ このタイプのコピー機は使ったことはありません。
＊このタイプの 〜 ＝ this type of 〜／コピー機 ＝ copier

_____

④ 当社の売り上げが夏からずっと落ちています。

_____

⑤ キャンペーンはこの2カ月間うまくいっています。
※うまくいく ＝ go well

_____

⑥ 私はそのシステムがうまく作動するかどうか疑問です。

_____

⑦ すぐに誰かにそれを修理させましょう。
※〜を修理する ＝ fix

_____

⑧ 彼らに契約にサインさせてみせますよ。
＊契約＝ contract ／〜にサインする ＝ sign

_____

解答例

① We have found a slight bug in our printers. ➡ p.124
② Have you ever ordered our catalog? ➡ p.126
③ I've never used this type of copier. ➡ p.126
④ Our sales have been down since this summer. ➡ p.128
⑤ The campaign has worked well these past two months. ➡ p.128
⑥ I doubt if the system will work well. ➡ p.130
⑦ I'll have someone fix it immediately. ➡ p.132
⑧ I'll make them sign the contract. ➡ p.132

ここでも使える！ ～招待状～

メールや手紙で送られてくる招待状。主催者がイベント等に人を招待したい時には、このような文章を送ります。イベントだけではなく、会議への参加願いを伝える文章にも応用できますね。Lesson 50で扱った使役動詞が含まれているのがわかるでしょうか。うまくアレンジして使ってみましょう。

> Please let me know if you can attend the annual educational symposium on August 1st. I hope it will be a great opportunity for you to share your ideas with others.

和訳
8月1日に行われる年1回の教育シンポジウムにご出席されるかどうかをお知らせください。他の方々と意見交換をされるよい機会になることを願っております。

LESSON 51 営業の感触を伝える

ここで使う文法 It ~ for — to...

'It ~ for — to ...'（—にとって…することは~だ）の文は，一種の倒置法と言えるでしょう。「…してよかったです」ではなく「よかったです，…して」と，結論を先に言うレトリックなのです。

文法要点チェック！ ➡ p.168

◆続いてジャスティン社への営業について報告する

上司 : How about Justin Corporation? Did you get the order?

ケン : Not yet. It was a little difficult for me to explain the advantages of our product. And they're in a hurry for it, so it's very important to deliver the item on schedule. It may be necessary for us to give them a further reduction, just in case. Anyway, it was good to show them a sample and talk about it again. I'm sure they'll like it.

和訳 上司：ジャスティン社についてはどうなっている？ 注文はとったのかね？
ケン：いえ，まだです。うちの製品の利点を説明するのにちょっと手間どりました。それに，先方が品物を急ぎで欲しいと言っていまして，納期に品物を届けられるかどうかがポイントになっています。場合によっては，もっと値引きが必要になるかもしれません。とにかく，サンプルをお見せして再度話ができたことはよかったです。きっと気に入ってもらえると思います。

51 営業の感触を伝える

My フレーズをつくろう

★印は Web の My フレーズリストへ　→詳細 p.9

以下の空欄に，自分自身に当てはまる言葉を入れ，声に出して練習してみましょう。

A: How about Justin Corporation? Did you get the order?

B: Not yet. It was a little difficult for me to explain ....

★営業先に説明すること

もっと使ってみよう

このレッスンの文法項目を使った例文をさらに見てみましょう。

❶ It is necessary to research how customers feel.
お客様がどのように感じているかを調査することが必要です。

❷ It's hard to say OK at the moment.
今の段階でOKを出すのは難しいです。
(!) 企画や提案に対する承認や同意を求められた時に使えます。

❸ It's hard to reduce the price so low.
価格をそんなに低く下げるのは難しいです。

❹ It's impossible to hire more employees only for the campaign.
そのキャンペーンのためだけに雇用を増やすことはできない。

❺ It might be difficult to deliver the items on schedule.
商品を納期に納めるのは難しいかもしれません。
(!) 他社から商品を受注した時に使える表現。納期が遅れる懸念がある場合に使ってみましょう。

❻ Isn't it risky to make a final decision without further negotiations?
もっと交渉を重ねずに最終決定を下すのは，危険ではないでしょうか。

重要語句				
☐ advantage	利点	☐ just in case	万一の場合には
☐ research	～を調査する	☐ reduce the price	価格を安くする
☐ impossible	不可能な	☐ hire	～を雇う
☐ employee	従業員	☐ risky	危険な
☐ negotiation	交渉		

LESSON 52 自分の気持ちを伝える

ここで使う文法 be glad to *do* と be sorry to *do*

「…してうれしい」「…して残念だ」のように，この表現に含まれる to 不定詞は，その気持ちが起こる原因や理由を表しています。気持ちを述べるのに便利な表現なので，ぜひマスターしましょう。

◆上司にホワイト氏の来訪を伝えるケン

ケン ：By the way, Mr. White came to see you while you were away. I **was glad to** see him. We talked together for a little while. He looked very enthusiastic. He said it was tough having the responsibility for the campaign.

上司 ：I'll give Mr. White a call later. I'**m sorry to** hear Bob is going to Chicago. You are good friends, aren't you?

ケン ：Yes, we are. He was always nice and gave me advice. We will keep in touch. And we will always be good friends, and good rivals, too.

和訳
ケン：ところで，部長がご不在の時にホワイトさんがお見えになりましたよ。私はお会いできたのでよかったです。少しの間話をしました。ホワイトさんにはとても意気込みが感じられました。キャンペーンの責任を担っておられて，大変だとおっしゃっていました。
上司：後でホワイトさんには電話しておくよ。ボブがシカゴに行くと聞いたが，残念だね。君たちは親しかったんだろう？
ケン：はい。いつも親切にしてくれて，アドバイスをくれました。でも交流は続けます。私たちはいつでもよき友で，よきライバルですから。

52 自分の気持ちを伝える

My フレーズをつくろう

★印は Web の My フレーズリストへ　→詳細 p.9

以下の空欄に，自分自身に当てはまる言葉を入れ，声に出して練習してみましょう。

A: I'm sorry to hear Bob ....
　　　　　　　　　　　　　　　★ボブの今後の動き

　You are good friends, aren't you?

B: Yes, we are. He was always ....
　　　　　　　　　　　　　　　　　　　　★人の性格，特徴

もっと使ってみよう

このレッスンの文法項目を使った例文をさらに見てみましょう。

❶ Please visit us some time soon. — I'll be glad to.
　どうぞ近いうちにお越しください。──ええ，喜んで。

❷ I'll be glad to lend you a hand any time.
　いつでも喜んで手をお貸ししますよ。
　　(!) 忙しそうにしている相手に，こんなふうに声をかけてあげられたらいいですね。

❸ Will you be willing to transfer to the Boston office for a year or so?
　1年ほど，ボストン支社に行ってもらえるだろうか。
　　(!) be willing to do は「(相手の意向を受けて) 快く…する」という意味です。

❹ I'm sorry to be late.
　遅れて申し訳ありません。

❺ I'm sorry to have kept you waiting .
　お待たせして申し訳ありません。

❻ (応用) I'm sorry to say this, but nobody agrees with your idea.
　こう言っては何ですが，誰もあなたの意見に同意していませんよ。
　　(!) 自分の意見をズバリ言う前に，前置きをすることが大事。発言の印象が大きく変わります。

重要語句				
☐ be away	不在で		☐ for a little while	ちょっとの間
☐ enthusiastic	熱中して，意気込んで			
☐ give ~ a call	~に電話する		☐ rival	ライバル，競争相手
☐ transfer to ~	~に転勤する			

LESSON 53 相手に頼みごとをする

ここで使う文法 want / tell / ask 〜 to *do*

'I want you to *do*' は「私はあなたに求める，…することを」から，「…してほしい」という意味になります。'I ask you to *do*' なら「あなたにお願いする，…することを」となりますね。

📖 文法要点チェック！ ➡ p.168

◆ケンがリサに声をかける

ケン : Lisa, I **want** you **to** help with some typing. I **was asked to** make a report of this month's sales results by tomorrow. Are you free tomorrow morning?

リサ : I'm sorry, but I can't help you tomorrow morning. The boss **told** me **to** sort out these files by tomorrow. Can you **ask** someone else **to** do it?

和訳 ケン：リサ，ちょっと入力をお願いしたいんだけど。明日までに今月の販売実績の報告書を作るように言われたんだ。明日の朝，時間ある？
リサ：ごめんなさい，明日の朝はお手伝いできないわ。課長がこのファイルの山を明日までに整理してくれって言うのよ。誰か他の人に頼んでもらえるかしら。

53 相手に頼みごとをする

My フレーズをつくろう

★印は Web の My フレーズリストへ　➡ 詳細 p.9

以下の空欄に，自分自身に当てはまる言葉を入れ，声に出して練習してみましょう。

A: I want you to help with ....
　　　　　　　　　　　　　　　　★手伝ってほしいこと

　 Are you free tomorrow morning?

B: I'm sorry, but I can't help you tomorrow morning.

　 The boss told me to .... by tomorrow.
　　　　　　　　　　　　　　★頼まれた仕事

もっと使ってみよう

116　このレッスンの文法項目を使った例文をさらに見てみましょう。

❶ I will ask someone to do this job.
　誰かにこの仕事を頼んでみます。

❷ Please ask the manager to check this letter.
　この手紙を部長に見てもらってください。

❸ Will you ask him to call me back when he's back?
　彼が戻ったら折り返し電話をくれるように言ってください。

❹ What would you like me to do?
　どのようなことをすればいいでしょうか。
　(!)「私に何をしてほしいか」と尋ねる表現。これなら相手も気兼ねなく仕事を頼めます。

❺ I'd like you to take these documents to JPN Technologies.
　この書類を JPN テクノロジー社に届けてもらいたいのですが。

❻【応用】I was ordered to work on the new project as a leader.
　新しいプロジェクトで，リーダーとしてやっていくように言われました。
　(!) be ordered to do は「…するよう命じられる」。上司からの指示を受けた時に使えますね。

重要語句	□ report	報告書	□ by	～までに
	□ would like ～ to do	～に…してほしいと思う		

LESSON 54 1日の仕事を振り返る①

ここで使う文法 too ～ to *do* と enough to *do*

不定詞を用いた定型表現はたくさんあります。'too ～ to *do*' と 'enough to *do*' も頻出のものの一つです。不定詞と組み合わせられた時の表現のマインドをつかみましょう。

📖 文法要点チェック！ ➡ p.168

🔊 117 ◆仕事も一段落し，1日を振り返るケン

There are **too** many things **to** finish in a day. I will request a temporary worker tomorrow for the sales report. I need someone who can type fast enough to finish this document quickly. I'm **too** tired **to** go out today, but I have to keep the boss company this evening …

和訳 1日でやるには仕事が多すぎるんだよな。明日のセールス報告書は，臨時職員を頼むことにしよう。この資料を手早く仕上げられるように速く入力できる人が必要だな。今日はもう疲れたし，出かけたくないな。でも今晩は部長のお付き合いをしなくちゃならないんだ…。

54 1日の仕事を振り返る①

My フレーズをつくろう

★印は Web の My フレーズリストへ　➡ 詳細 p.9

以下の空欄に，自分自身に当てはまる言葉を入れ，声に出して練習してみましょう。

There are too many things to ....
　　　　　　　　　　　　　　　　　★やるべき仕事

I will request a temporary worker tomorrow for

....
　　★依頼する仕事の内容

もっと使ってみよう

このレッスンの文法項目を使った例文をさらに見てみましょう。

❶ This program is too complicated to explain.
　このプログラムは非常に複雑で，説明できません。

❷ It's too costly to replace all the office appliances.
　オフィス機器をすべて入れ替えるとなるとコストがかかりすぎます。

❸ This problem is too complicated for us to solve.
　この問題は私たちには複雑すぎて解決できない。

❹ Are there enough chairs for everyone to sit on?
　全員座れるだけの椅子がありますか。
　❗ enough to do は「…するのに十分」。こんなやり取りができたら会議の準備もスムーズに進みます。

❺ I don't think this one is too difficult to handle.
　こちらは，取り扱いはそれほど難しくないと思います。
　❗ 新しい自社製品を売り込む際，こんなふうに言えたら相手に安心してもらえそうですね。

❻ Is it too much to ask you to pay in cash?
　現金でお支払いいただくというのは無理でしょうか。

重要語句	□ in a day	1日で	□ request	〜を依頼する
	□ temporary worker	臨時のアルバイト		
	□ keep 〜 company	〜と同行する		

LESSON 55 1日の仕事を振り返る②

ここで使う文法 主格の関係代名詞

関係代名詞は，「文と文をつなげる」ものであると同時に，「文をつなげて長くしていくテクニック」でもあります。関係代名詞を使えば，理論的には無限に長い文も作ることができるんですよ。

文法要点チェック！ ➡ p.169

◆明日やるべきことをまとめる

Tomorrow I have to give some information about the bug to the person **who** called me this afternoon. Then, I must send the latest brochure to the company **that** called to place an order. I will make some sales calls to a few other companies **that** use the old model.

和訳 今日の午後に電話をかけてきた人には，明日，バグについて説明しないと。それから，注文の電話をしてきた会社には最新のパンフレットを送らないといけないな。他にも，古いモデルを使っているいくつかの会社に営業の電話をかけることにしよう。

55 1日の仕事を振り返る②

My フレーズをつくろう

★印は WebのMy フレーズリストへ　→詳細 p.9

以下の空欄に，自分自身に当てはまる言葉を入れ，声に出して練習してみましょう。

Tomorrow I have to give some information to the person who ....
　　★問い合わせをしてきた人の説明

Then, I must send .... to the company
　　　　　　　　　　　★送付するもの
that called to place an order.

もっと使ってみよう

このレッスンの文法項目を使った例文をさらに見てみましょう。

❶ Is there anyone who disagrees with his plan?
彼のプランに反対の人はいますか。
(!) 会議中，話し合っている企画に対して是非を問う時に役立つフレーズです。

❷ We'll send someone who can explain the system in more detail.
そのシステムについてもっと詳しく説明できる者を行かせましょう。

❸ You mean the one that has a camera in front?
前方にカメラのついた製品のことでしょうか。

❹ Look at this graph that shows last year's sales.
昨年度の年間売り上げを示した，こちらのグラフをご覧ください。
(!) プレゼン中の説明に使えます。どんなグラフか，that 以下で表現しましょう。

❺ We have a security system that covers the whole computer network.
コンピュータネットワーク全体をカバーするセキュリティシステムを作動させています。

❻ We need to develop products that appeal to both men and women.
男女ともに気に入ってもらえるような製品を作る必要があります。

重要語句		
	□ cover	カバーする，まかなう
	□ appeal to 〜	〜の興味をひく

英語で言ってみよう！⑪

次の日本語の文を英語に直して言ってみましょう。わからなければ，右ページの解答例とともに示されている ➡ のページに戻って復習してください。

① 当社の製品の利点を説明する必要があります。
　＊利点＝ advantages

　_____

② さらに値引きするのは，ちょっと難しいかもしれません。
　＊ちょっと＝ a little

　_____

③ このような機会をいただけてうれしく思います。

　_____

④ 誰かに入力を手伝ってもらおうと思っています。

　_____

⑤ これらのファイルを明日までに整理するように言われています。

　_____

⑥ １日で終えるには仕事が多すぎます。（There で始めて）

　_____

⑦ 忙しすぎて，あなたをお手伝いできそうにありません。
　＊あなたを手伝う＝ give you a hand

　_____

⑧ 今朝電話してきた人に，必ず連絡をとっておいて。
　＊～に連絡をとる＝ contact

　_____

英語で言ってみよう！⑪

解答例

① It is necessary to explain the advantages of our product. ➡ p.136
② It may be a little difficult to give them a further reduction. ➡ p.136
③ I'm glad to have this opportunity. ➡ p.138
④ I'm going to ask someone to help with some typing. ➡ p.140
⑤ I was told to sort out these files by tomorrow. ➡ p.140
⑥ There is too much work to finish in a day. ➡ p.142
⑦ I'm too busy to give you a hand. ➡ p.142
⑧ Be sure to contact the person who called us this morning. ➡ p.144

ここでも使える！　～記事～

新聞記事や街の情報誌などの記事を見てみましょう。下の例は図書館の増設に関するものです。Lesson 55 で扱った関係代名詞 that を含んだ文章は，やや長く複雑な文章になります。しかし，that の前の情報から後ろの情報へと順を追って読むようにすれば，情報を整理しながら読み進めることができます。

The city library announced that it would build a new wing that will be equipped with a large conference room and an audio-visual room. The construction will be completed by the end of November.

和訳

市立図書館は，広い会議室と視聴覚室を備えた新しい棟を建設することを発表しました。建設工事は11月末までに終了する予定です。

LESSON 56　1日の仕事を振り返る③

ここで使う文法 目的格の関係代名詞

前の Lesson では「主格の関係代名詞」を扱いましたが，今回は「目的格の関係代名詞」です。「私が買った服」「しなければならない仕事」のような言い方は日本語でもよく使いますよね。

📖 文法要点チェック！ ➡ p.169

🔊 122 ◆ケンが1日の仕事を振り返る

I had a tough day today. I had a lot of things that I had to work on today. And tomorrow, I will have more work that I have to do. The documents that I prepared were quite acceptable, but the presentation that I gave wasn't very good. I need to practice more.

和訳 今日は，忙しかったなあ。今日中にしなければならないことが山ほどあった。それに明日はもっとやることがいっぱいだ。準備した資料は何とかなったけど，プレゼンは十分じゃなかった。もっと練習を積まないと。

56 1日の仕事を振り返る③

My フレーズをつくろう

★印は WebのMyフレーズリストへ　➡ 詳細 p.9

以下の空欄に，自分自身に当てはまる言葉を入れ，声に出して練習してみましょう。

The presentation that I gave was ....
　　　　　　　　　　　　　　　　　　　　★プレゼンの自己評価

I need to ....
　　　　　★プレゼン上達のためにすべきこと

もっと使ってみよう

123　このレッスンの文法項目を使った例文をさらに見てみましょう。

❶ Will you show me the draft that we are going to use in the presentation?
プレゼンで使う予定のドラフトをちょっと見せてくれないか。

❷ This is the best deal that we can offer you.
これは私たちが提供できる最善の条件です。

❸ The items that you ordered are on their way to your office today by air.
ご注文の品物は本日航空便にてオフィスにお届けします。
❗ by air は「航空便で」の意味。注文を受けた際に使えるフレーズです。

❹ The sample that you sent us the other day is different from the item in the catalog.
御社が先日送ってくださったサンプルは，カタログのものと違っています。

❺ I listed here the main points that I wanted you to know about. 【応用】
知っておいてもらいたい主要なポイントをここに挙げてみました。
❗ いきなりポイントを提示するのではなく，前置きを加えると聞き手は理解しやすいですね！

❻ Do you have any good ideas that we all can agree with? 【応用】
我々の全員が同意できるような，何かよいアイデアはないでしょうか。

重要語句			
☐ acceptable	容認できる，まあまあの		
☐ practice	練習する	☐ deal	条件
☐ list	～をリストに入れる		

LESSON 57 1日の仕事を振り返る④

ここで使う文法 目的格の関係代名詞の省略

「目的格の関係代名詞」は頻繁に使われるので，関係代名詞を省略しても，問題なく伝わるようになりました。意味のまとまりを考えながら，構造を見誤らないように気をつけましょう。

📖 文法要点チェック！ ➡ p.169

◆ケンの反省

What's the best thing I can do to push myself up the ladder? The thing I would really like is the chance to prove myself. But before that, I think the most important thing I need is lots of experience. Experience is the best teacher, and is the one thing I cannot overlook.

和訳 自分を向上させるのに最も効果的なことは何だろう。僕が本当に望んでいるのは，自分の能力を示すことのできる場だ。でもその前に，僕が一番必要としていることは経験をたくさん積むことだと思う。経験は最良の教師であり，僕が見過ごして通ることのできないものだ。

57 1日の仕事を振り返る④

My フレーズをつくろう

★印は Web の My フレーズリストへ　➡ 詳細 p.9

以下の空欄に，自分自身に当てはまる言葉を入れ，声に出して練習してみましょう。

The thing I would really like is ………………………………………… .
　　　　　　　　　　　　　　　　　　　　★自分が望むもの

But before that, I think the most important thing I need is ………………………………………… .
　　　　　　　　　　　★自分に必要だと思うもの

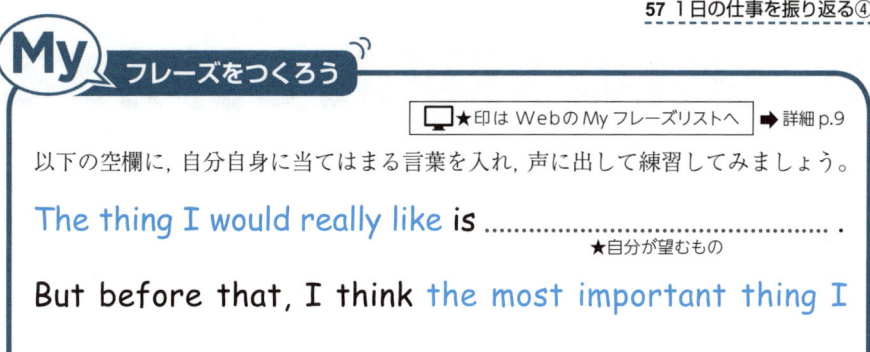

もっと使ってみよう

125　このレッスンの文法項目を使った例文をさらに見てみましょう。

❶ There is something I'd like to discuss with you.
　あなたとお話ししたいことがあります。
　⚠ 相手に時間をとってほしい時，話を切り出す表現として使えます。

❷ Is there something we can do about that?
　その件で，我々にできることは何かありますか。

❸ If there is anything you need, don't hesitate to ask.
　必要なものがありましたら，遠慮なく聞いてください。

❹ If there is something you don't like about our services, please let us know.
　何か当社のサービスでお気に召さないことがありましたら，お知らせください。
　⚠ 顧客に対して使える表現。こんな一言で顧客からの信頼が得られそうですね。

❺ The price you're offering is much higher than we expected.
　ご提示の金額は，私たちの想定よりかなり高めです。

❻ The problem we are facing now is very pressing.
　我々が今直面している問題は，非常に差し迫ったものです。

重要語句	□ **push ~ up the ladder**	~に出世階段を昇らせる		
	□ **prove oneself**	自己の能力を示す		
	□ **overlook**	~を見逃す〔無視する〕		
	□ **face**	~に直面する	□ **pressing**	急を要する

LESSON 58 会社の事業内容を説明する

ここで使う文法 現在分詞の後置修飾

「進行形で使われる …ing 形は形容詞である」という見方があります。He is running. を「彼＝走っている状態」と捉えると，ここに出てくる …ing 形の形容詞的な使い方も納得がいくと思います。 📖 文法要点チェック！ ➡ p.169

◆仕事が終わり，ターナーさんを囲んでの会食

ターナー氏：Thank you for inviting me.

上司　　：This is Ms. Turner. She works for a consultancy. Over there are some members of her staff who are involved in our new project.

ターナー氏：Hello. Glad to meet you. Our company is a small consultancy doing marketing research, mainly.

上司　　：They have some brainy people providing us with advice.

ケン　　：I see.

和訳
ターナーさん：ご招待いただきありがとうございます。
上司：こちらはターナーさんだ。コンサルタント会社にお勤めなんだ。向こうにいるのはそのスタッフの方々で，我々の新しいプロジェクトに関わってくださっている。
ターナーさん：こんにちは。お会いできて光栄です。当社は小さなコンサルタント会社で，主にマーケティング調査を専門にしております。
上司：ターナーさんのところで，我が社に助言をしてくださるブレーンの方々を何人かお願いしているんだ。
ケン：そうなんですか。

58 会社の事業内容を説明する

My フレーズをつくろう

★印は Web の My フレーズリストへ　→詳細 p.9

以下の空欄に，自分自身に当てはまる言葉を入れ，声に出して練習してみましょう。

A: This is .... She works for
　　　　　　　　　紹介する相手

....
　　　相手の勤め先

B: Hello. Glad to meet you. Our company is a company

....
★会社の説明（現在分詞を用いて）

もっと使ってみよう

127　このレッスンの文法項目を使った例文をさらに見てみましょう。

❶ That man talking with Mr. Yamada over there is our new manager.
向こうで山田さんと話しているのが，僕らの新しい部長だよ。
　⚠ 現在分詞を使って The man を説明しています。情報が具体的になり，相手に伝わりやすくなります。

❷ This is Mr. Yamamoto calling from the Tokyo office.
（電話で）東京支店の山本です。
　⚠ 電話で名乗る時に使います。どこから掛けているのか明確にすることができます。

❸ We have some capable staff there providing us with information.
そちらには，我々に情報提供をしてくれる有能なスタッフがいます。

❹ We have some temporary staff doing filing and typing mainly.
主にファイリングと入力をしてもらっている派遣社員の方が何人かいます。

❺ (応用) I've received an answer from our head office saying that your offer is acceptable.
御社のお申し出をお受けしたいとの回答を本社からもらいました。

重要語句			
☐ invite	〜を招待する	☐ consultancy	コンサルタント会社
☐ marketing research	市場調査	☐ brainy	頭の切れる，ブレーンの
☐ provide A with B	A に B を供給する		

LESSON 59 料理を薦める

ここで使う文法 過去分詞の後置修飾

現在分詞と同様に，受動態などで使われる過去分詞も形容詞の働きをします。過去分詞が修飾語句として使われる際は「…された」「…されている」という受け身の意味を持つことに注意。

📖 文法要点チェック！ ➡ p.169

◆ターナーさんとの会食中

上司 : Have you tried 'Hire-zake'? It's Japanese sake <u>served with the fin of a puffer fish in it</u>.

ターナー氏 : Never. I've never had puffer fish, either. I try all the special food <u>recommended by my Japanese friends</u>, and it always tastes ... interesting.

和訳
上司 : 「ひれ酒」を召し上がったことはありますか。ふぐのひれが入った日本酒なんですよ。
ターナーさん : いいえ，初めてです。ふぐだって，食べたことがないんですよ。私は日本の友人が薦めてくれる特別な食べ物は何でもトライするんですが，いつも…何というか，ちょっと変わった味がしますね。

59 料理を薦める

My フレーズをつくろう

★印は Web の My フレーズリストへ ➡ 詳細 p.9

以下の空欄に，自分自身に当てはまる言葉を入れ，声に出して練習してみましょう。

Have you tried .... ?
　　　　　　　　　　食べ物

It's ....
　　★食べ物の説明（過去分詞を用いて）

もっと使ってみよう

このレッスンの文法項目を使った例文をさらに見てみましょう。

❶ I'll transfer the e-mails received from the clients.
　顧客からのメールを転送いたします。

❷ Please look at the table shown on page 5.
　5ページ掲載の表をご覧ください。
　（!）手元の資料を参考にしながら進める会議で使える表現です。

❸ The item delivered yesterday wasn't the same as the sample.
　昨日届いた品物はサンプルと違っていました。

❹ The meeting scheduled for July 5 was canceled.
　7月5日に予定されていた会議は中止になりました。
　（!）会議の予定はよく変更されます。この表現を上手に使い，スムーズに変更の告知ができるといいですね。

❺ The prices listed on page 15 might be changed with no notice.
　15ページに掲載されている価格は予告なしに変更される場合があります。

❻【応用】We would be grateful if you could send a sample of each of the items listed below.
　下記の各商品サンプルをお送りいただけますと幸いです。

重要語句	☐ serve A with B	A に B を添えて出す		
	☐ fin	ひれ	☐ puffer fish	ふぐ
	☐ taste	～の味がする	☐ cancel	～を中止する
	☐ with no notice	告知なしで	☐ grateful	ありがたく思う

LESSON 60 プレゼンの感想を述べる

ここで使う文法 so ~ that ...

「結果」や「程度」を表す'so ~ that ...'は，「とてもよく準備されていたので理解できた」という形以外にも，that 以下を否定文にして「とても高価なので買えなかった」とすることもできます。　文法要点チェック！ p.169

◆上司からプレゼンの評価を受ける

上司 ：Today's presentation was **so** well prepared **that** everyone could follow your explanation.

ケン ：Thank you. But I was **so** nervous **that** I couldn't answer some of the questions.

上司 ：No problem. You will have another presentation again soon, and will be able to give them the answers then.

ケン ：Again...!?

和訳 上司：今日のプレゼンはよく準備されていて，みんな君の説明をよく理解できたようだ。
　　　ケン：ありがとうございます。でもとても緊張して，いくつかの質問には答えられませんでした。
　　　上司：大丈夫だよ。すぐにまたプレゼンをやることになるだろうから，その時に答えを示せばいい。
　　　ケン：えっ，またですか…!?

60 プレゼンの感想を述べる

My フレーズをつくろう

★印は WebのMy フレーズリストへ　➡ 詳細 p.9

以下の空欄に，自分自身に当てはまる言葉を入れ，声に出して練習してみましょう。

A: Today's presentation was so well prepared that everyone could follow your explanation.

B: Thank you. I was so .... that I
　　　　　　　　　　　★プレゼンの時の気持ち

....
★プレゼンの時の様子

もっと使ってみよう

このレッスンの文法項目を使った例文をさらに見てみましょう。
131

❶ I'm so busy that I can't finish this work today.
　とても忙しくて，この仕事は今日中には終えられません。

❷ The traffic is so heavy this season that we should leave the office earlier.
　この季節は道路が渋滞するので，もっと早く会社を出たほうがいいだろう。

❸ The handling is so simple that you won't be bothered with it.
　取り扱いは非常にシンプルなので，困ることはないでしょう。

❹ His ideas are always so complicated that we can't follow him.
　彼の考えはいつもすごく複雑なので，私たちにはついていけない。

応用
❺ I'm so sorry, but I'm so tired I can't join you tonight.
　本当に申し訳ないのですが，とても疲れているので今晩はご一緒できません。
　(!) 誘いを断る時に使えるフレーズ。なお，ここでは that は省略されています。

重要語句			
☐ follow	～を理解する	☐ explanation	説明
☐ No problem.	大丈夫だ。	☐ traffic	交通量
☐ heavy	(程度が) ひどい	☐ bother	～を困らせる

英語で言ってみよう！⑫

次の日本語の文を英語に直して言ってみましょう。わからなければ，右ページの解答例とともに示されている ➡ のページに戻って復習してください。

できたらチェック！

① 今日中に終わらせなければならない仕事がたくさんあります。
_____ ☐

② 今我々が必要としている最も重要なことは，数多くの経験なのです。
_____ ☐

③ そのことで，何か私にできることはありますか。
_____ ☐

④ 向こうにいるのは，我々の新しいプロジェクトに関わってくれる新メンバーです。
_____ ☐

⑤ 当社は主に市場調査と企業データ収集をしているコンサルタント会社です。
　＊市場調査＝ marketing research ／企業データ収集＝ company data collection
_____ ☐

⑥ 昨日届けられた商品は破損していました。
_____ ☐

⑦ 上司に薦められた本はすべて読んでいます。
_____ ☐

⑧ とても緊張していたので，いくつか大事なことを言うのを忘れてしまいました。
　＊いくつか大事なこと＝ some important points
_____ ☐

英語で言ってみよう！⑫

[解答例]

① I have a lot of work that I have to finish today. ➡ p.148
② The most important thing we need now is lots of experience. ➡ p.150
③ Is there anything I can do about that? ➡ p.150
④ Over there are the new members working on our new project. ➡ p.152
⑤ Our company is a consultancy mainly doing marketing research and company data collection. ➡ p.152
⑥ The item delivered yesterday was broken. ➡ p.154
⑦ I have read all the books recommended by my boss. ➡ p.154
⑧ I was so nervous that I forgot to say some important points. ➡ p.156

ここでも使える！　〜手紙〜

面接を受けた後，採用が決定した際に受け取る手紙です。Lesson 60 で取り上げた 'so 〜 that …' の構文を使い，採用が決まった理由と，採用を決定した旨を１文で伝えています。この構文を使った文は，この例文のように長い文章になる可能性があるため，しっかり so と that を意識することが大事です。

Thank you for coming for the interview last week. We were so impressed with your working experience that we have decided to offer you the position.

[和訳]
　先週は面接にお越しいただきありがとうございました。私どもは貴殿の職務経験に大変感銘を受けたため，採用させていただきたいという決定をいたしました。

巻末付録

文法・構文ポイントチェック

◆ I'm 〜 . / You're 〜 . LESSON 1

自己紹介の文は，I'm 〜で表します。I'm 〜は言うまでもなく，I am 〜の短縮形です。
　I'm Keiko Koike of ABC Company.（私は ABC 社の小池恵子です）
主語が You の時は，You're（You are の短縮形）〜となります。
　You're perfectly correct.（まったくおっしゃる通りです）

◆ This is 〜 . / He's 〜 . LESSON 2

「こちらは〜です」と人を紹介する時は，This is 〜で表します。
　This is Mr. Kimura, our president.（こちらは社長の木村です）
さらに，「彼は／彼女は〜」と説明する時は，He's / She's 〜 を使います。
　She's my boss.（彼女は私の上司です）

◆ 一般動詞 LESSON 3

be 動詞以外のすべての動詞を「一般動詞」といいます。一般動詞の現在時制の文では，現在の状態を表すことができます。
　I like Chinese food.（私は中華料理が好きです）
次の文は，現在習慣としていることを表しています。
　I usually work eight hours a day.（私はいつも１日８時間働きます）

◆ 一般動詞（３人称単数現在の場合） LESSON 5

一般動詞の現在時制の文で，主語が３人称・単数の場合は，動詞の末尾に -s が付きます。いわゆる「３単現の -s」です。なお，「１人称」は話し手（I/we），「２人称」は話の聞き手（単数も複数も you），それ以外はすべて「３人称」です。
　Judy lives next door to Lisa.（ジュディはリサの隣に住んでいます）

◆ 疑問文 LESSON 6

①一般動詞の疑問文：助動詞 Do（３人称は Does）を文頭に置き '主語＋動詞' を続ける。
　Do you have a minute?（ちょっと時間はありますか）
②be 動詞の疑問文：動詞と主語を入れ替え，'be 動詞＋主語' の語順にする。
　Are you sure?（それ確か？） Is it true?（それ本当？）

◆ 疑問詞を含む疑問文 LESSON 7

When，Where などの疑問詞を含む疑問文は，疑問文の冒頭に疑問詞を置きます。
①一般動詞の文の場合：When does the meeting start?（ミーティングはいつ始まりますか）
②be 動詞の文の場合：Where are the elevators?（エレベーターはどこですか）

◆ 否定文　　　　　　　　　　　　　　　　　　　　　LESSON 8

①一般動詞の否定文は，don't，doesn't を用います。
　We don't have enough time.（十分な時間がありません）
②be 動詞の否定文は，am，is，are の後ろに not を置きます。
　I'm not interested in politics.（私は政治には興味がありません）

◆ 命令文　　　　　　　　　　　　　　　　　　　　　LESSON 9

命令文は動詞の原形（-s の付かない形）で文を始めます。
　Enlarge this to B4.（これをＢ４に拡大してください）
文頭に Please を置くと，やや丁寧な言い方になります。
　Please make five copies of this on A4.（これのコピーをＡ４で５枚お願いします）

◆ 現在進行形　　　　　　　　　　　　　　　　　　　LESSON 10

「今…しているところです」と進行中の事柄を表す時，'be 動詞 + …ing' の形を用います。
　I'm making a report on the PC.（パソコンで報告書を作っているところです）
現在進行形は，近い将来に予定されていることを表す場合もあります。
　I'm visiting Kobe next week.（来週神戸に行くことになっています）

◆ 助動詞 can　　　　　　　　　　　　　　　　　　　LESSON 12

「…できます」と言う時は，助動詞 can を使います。助動詞の後には動詞の原形がきます。
　You can make a reservation.（ご予約は可能です）
　We can't accept VISA.（VISA カードはお使いになれません）
Can I …? は「…していいですか」の意味でもよく使います。
　Can I park my car here?（ここに駐車してもいいですか）

◆ 一般動詞の過去形　　　　　　　　　　　　　　　　LESSON 14

一般動詞を用いた過去時制の文では，動詞の後に -ed を付けます。ただし，-ed を付けるという規則的な形ではなく，特殊な形の過去形を持つ動詞も多いので注意しましょう。
　I stopped the car and looked at the map.（私は車を止めて地図を見た）
　The printer broke down.（プリンターが壊れました）

◆ be 動詞の過去形　　　　　　　　　　　　　　　　　LESSON 15

be 動詞を用いた過去時制の文では，am / is は was という形になります。are は単数でも複数でも were になります。
　I was very busy yesterday.（昨日はすごく忙しかった）
　What were your annual sales last year?（昨年の年商はどれくらいでしたか）

◆ 形容詞　　　LESSON 16

形容詞には①名詞の前に置く，②be 動詞の後に単独で置くという2通りの用法があります。
　① I have a free ticket for the concert.（私はそのコンサートの無料の券を持っています）
　② I am free this afternoon.（今日の午後はひまです）

◆ There is [are] 〜.　　　LESSON 18

「〜があります」という時，There is [are] 〜の文を使います。次の文で be 動詞の使い分けを観察してみましょう。
　There is a message for you.（あなたに伝言がありますよ）
　There are tricks in every trade.（どんな取引にもワナがある〈ことわざ〉）

◆ look, become などを使った文　　　LESSON 19

You are tired.（あなたは疲れている）の are を look に変えると，You look tired.（あなたは疲れているようだ）という文になります。これは「SVC」の文型と言われます。同じように，be 動詞の位置に用いられる動詞として，become や seem などがあります。
　He seems quite busy today.（彼は今日はかなり忙しいらしい）

◆ give, show などを使った文　　　LESSON 20

give は 'give ＋人＋物' という文型で用いられます。
　They gave me a discount.（彼らは私に値引きしてくれた）
これは「SVOO」の文型と言われます。動詞 bring, show なども同じ文型で用いられます。
　Bring me some coffee.（コーヒーを持ってきてください）

◆ be going to *do*　　　LESSON 21

物事が動いていく先を表すのが，'be going to *do*' という表現です。気温が下がり，雲も厚く，今にも雪が降りそうな様子は，It's going to snow.（雪が降りそうだ）のように表せます。She's going to be a doctor.（彼女は医者になるつもりです）の場合には，そのための勉強をすでに始めており，物事がその方向に進んでいることを表し，単なる願望表現とは異なります。

◆ 過去進行形　　　LESSON 22

過去のある時点で進行中だった事柄を表すのが「過去進行形」です。'was / were ...ing' の形で表します。
　They were talking in English.（彼らは英語で話していました）
　Everything was going well.（すべてがうまくいっていました）

文法・構文ポイントチェック

◆ 助動詞 will　　LESSON 23

助動詞 will は，①単純な未来，②未来の予定や予想，③話者の意志，などを表します。
　① I'll be 27 next birthday.（今度の誕生日で 27 歳になります）
　② I'll receive a 5% raise next April.（来年の 4 月に 5 ％給料アップの見込みです）
　③ I'll take a chance.（一か八かやってみましょう）

◆ 助動詞 may　　LESSON 25

助動詞 may は，①「…してもよい」，②「…かもしれない」という 2 つの意味を表します。May I ...? という疑問文は，相手の許可を求める時によく使います。
　May I see your passport, please?（パスポートを拝見できますか）

◆ 助動詞 must　　LESSON 26

助動詞 must は，①「…しなくてはいけない」②「…に違いない」という 2 つの意味を表します。③否定形の must not は「〜してはならない」と禁止を表します。
　① We must show our passports at customs.（税関では旅券を見せなければならない）
　② You must be joking.（ご冗談でしょう）
　③ You must not smoke here.（ここでは喫煙できません）

◆ have to do　　LESSON 27

'have to do' は must と同様に「…しなくてはならない」という意味を表しますが，must よりも客観的に「そういう状況にある」ということを表します。'don't have to do' は「…する必要はない」という意味です。must not と区別して覚えておきましょう。
　You don't have to pay now.（今支払う必要はありません）

◆ 助動詞 should　　LESSON 28

助動詞 should は，「義務」や「必要」を表します。否定形 should not は「…すべきではない」という意味です。
　We should reduce the price.（われわれは値段を下げるべきだ）
　A man with a sour face should not open a shop.（仏頂面の男は店を開いてはならない〈ことわざ〉）

◆ 動名詞　　LESSON 31

動詞の語尾に -ing を付けると「…すること」のように，動詞を名詞に変えることができます。こうしてできる形を「動名詞」と言います。
　Thank you for giving me a ride.（車に乗せてくれてありがとう）
　Thinking is very far from knowing.（考えることは，ただ知ることとは大違いだ）

◆ 不定詞の名詞用法　　　　　　　　　　　　　　LESSON 32

'to +動詞の原形' が不定詞です。不定詞には3つの用法があり，その1つ目は，「…すること」のように動詞を名詞化する名詞用法です。
　To deceive oneself is very easy.（自分を欺くことはたやすい）
　Don't forget to turn off the computer.（コンピュータの電源を切ることを忘れないでね）

◆ 不定詞の副詞用法　　　　　　　　　　　　　　LESSON 34

不定詞の2番目の用法は，副詞用法。副詞とは，ある行為に対し，「いつ，どこで，どのように」行うかを説明する品詞です。副詞用法では①「…するために」と目的を表す場合と②「…して」と原因を表す場合があります。
　① I save money to buy a new car.（私は新しい車を買うためにお金を貯めています）
　② I'm very glad to help you.（お役に立ててうれしく思います）

◆ 不定詞の形容詞用法　　　　　　　　　　　　　LESSON 35

不定詞の3番目の用法は，形容詞用法。「…するための」と直前の名詞を修飾します。
　I have a lot of reports to read today.（今日は読むべき報告書がたくさんある）
　It is time to have a break.（休憩をとる時間だ）

◆ how to *do*・what to *do*　　　　　　　　　　LESSON 36

'how to *do*'（どのように…するか，…のしかた），'what to *do*'（何を…すべきか）などの '疑問詞+ to *do*' の形は，動詞の目的語として用いられることが多い形式です。
　Please show me how to use this software.（このソフトの使い方を教えてください）
　Tell me what to do next.（次に何をすべきか教えてください）

◆ 比較級　　　　　　　　　　　　　　　　　　　LESSON 37

small（小さい）の比較級は，-er を付けて smaller とします。綴りの長い語の場合は前に more を付けます。なお，good の比較級 better のように，特殊な比較級もあるので注意。
　This machine is smaller than that one.（この機械はあれより小さい）
　This machine is more useful than that one.（この機械はあれより便利です）

◆ 最上級　　　　　　　　　　　　　　　　　　　LESSON 38

「一番～な」という最上級は -est を付けて作ります。綴りの長い形容詞の場合は，語の前に most を付けます。good の最上級は best というように，特殊な最上級もあります。
　This machine is the newest of all.（この機械が一番新しいです）
　This machine is the most expensive in this room.（この機械がこの部屋の中で一番高い）

文法・構文ポイントチェック

◆ 接続詞 when　　LESSON 39

「…する時」「…した時」という意味を表すには，接続詞 when を用います。
Please call me when you finish reading the report.
（報告書を読み終わったら電話してください）
It began to rain when we arrived at the airport.
（飛行場に着いた時，雨が降り始めました）

◆ 接続詞 if　　LESSON 40

「もし…なら」という意味を表すには，接続詞の if を用います。なお，下の文のように，「もし…」の部分が未来の事柄でも，動詞は現在形にします。
If any trouble arises, we'll deal with it promptly.
（何か不都合がございましたら，すぐに対処させていただきます）

◆ 受動態（平叙文）　　LESSON 44

Many people see this website.（多くの人がこの Web サイトを見ます）という文で this website を主語にすると，下の文のようになります。このように，主語が他から何らかの影響を受けていることを表すのが受動態です。
This website is seen by many people.（この Web サイトは多くの人に見られています）

◆ 受動態（疑問文と否定文）　　LESSON 45

受動態の文の疑問文，否定文の作り方は，be 動詞の文と同様です。疑問文は，主語と be 動詞を入れ替えて作ります。また，否定文は，be 動詞の後に not を加えます。
Is this website seen by many people?（このサイトは多くの人に見られていますか）
This website is not seen by many people.（このサイトは多くの人には見られていません）

◆ 現在完了（完了用法）　　LESSON 46

現在完了は 'have ＋過去分詞' の形で，主に①完了，②経験，③継続の３用法があります。①「完了用法」は，「今まさにやり終えたこと」を表します。
I have just received your mail.（ちょうどあなたのメールを受け取ったところです）
Have you already finished writing the report?（もう報告書を書き終わりましたか）

◆ 現在完了（経験用法）　　LESSON 47

現在完了の用法②「経験用法」は，「これまでに経験したこと」を表します。
I have visited London twice.（ロンドンには２回行ったことがあります）
I've never seen Mr. Ono.（小野氏には会ったことが一度もありません）

◆ 現在完了（継続用法） LESSON 48

現在完了の用法③「継続用法」は「ずっとし続けていること」を表します。
　I have worked for this company for over 10 years.
　（私はこの会社で10年以上働いています）

◆ 間接疑問 LESSON 49

接続詞 if は「～かどうか」という意味で使われることがあり，'I wonder if ...' は「…かどうかと思う」という意味になります。これも間接疑問の形の1つです。
　I wonder if you're free tomorrow evening.（明日の晩はおひまでしょうか）
また，'I doubt if ...' は「…かどうか疑わしく思う」という意味です。
　I doubt if his plan will be realized.（彼の計画は実現できるのだろうか）

◆ 使役動詞 LESSON 50

「人に…させる」という意味を表す使役動詞としての make，have は，'make＋人＋動詞の原形' の語順で用います。
　I made him stop smoking.（私は彼にたばこをやめさせた）
　I had him repair my watch.（私は彼に時計を直してもらった）

◆ It ～ for — to... LESSON 51

「家にコピー機があると便利だ」という文は，　To have a copy machine at home is convenient. と表せますが，主語が長すぎるため，英語では次のような形が好まれます。
　It is convenient (for me) to have a copy machine at home.
長い主語の代わりに文頭に置かれる it を「仮主語」または「形式主語」などと呼びます。

◆ want / tell / ask ～ to *do* LESSON 53

'want＋人＋to *do*' は「人が…することを欲する」，'tell＋人＋to *do*' は「人に…せよと命ずる」という意味。'ask＋人＋to *do*' は「人に…するよう頼む」となります。
　He told me to come soon.（彼はすぐに来るよう私に命じた）
　We'd like to ask you to pay in cash.（お支払いは現金でお願いいたします）

◆ too ～ to do と enough to *do* LESSON 54

不定詞の応用表現 'too ～ to ...' は「～すぎて…できない」という意味です。また，'enough to *do*' は「～するのに十分な」という意味の表現です。
　The room was too noisy to talk.（その部屋はうるさすぎて話ができなかった）
　I had enough money to buy the software.（私はそのソフトを買うのに十分なお金があった）

文法・構文ポイントチェック

◆ 主格の関係代名詞　　　LESSON 55

I need a secretary. と She can use computers. という2つの文を，関係代名詞 who を用いて1つの文にすることができます。この who は主語の役割（主格）で用いられています。
　I need a secretary who can use computers.（私はコンピュータを扱える秘書が必要です）
関係代名詞の前の名詞（先行詞）が人ではなく物の場合は which を用います。

◆ 目的格の関係代名詞　　　LESSON 56

関係代名詞が目的語の役割（目的格）で用いられる場合の例を見てみましょう。Have you read the mail? と I sent it this morning. を1つの文にすると次のようになります。
　Have you read the mail which[that] I sent this morning?
　（私が今朝送ったメールはもう見ましたか）

◆ 目的格の関係代名詞の省略　　　LESSON 57

「目的格」の関係代名詞を用いた文は，関係代名詞を省略することも多いです。
　Have you read the mail I sent this morning?（私が今朝送ったメールはもう見ましたか）
　This is the mail I wrote yesterday.（これは私が昨日書いたメールです）

◆ 現在分詞の後置修飾　　　LESSON 58

動詞の -ing 形（現在分詞）は，形容詞のように使われることがあります。growing demand（増大する需要）のように現在分詞が単独の場合は，まさに形容詞のように名詞の前に置かれますが，語句を伴う場合は demand growing year by year（年ごとに増大する需要）のように名詞の後ろに置かれます。

◆ 過去分詞の後置修飾　　　LESSON 59

過去分詞も現在分詞と同様，形容詞のように使われることがあります。a retired professor（退職した教授）のように過去分詞が単独なら名詞の前，語句を伴う場合は some professors retired early（早期退職した教授）のように名詞の後ろに置かれます。
　This is a product made for personal use.（これは個人ユーザー用に作られた製品です）

◆ so ～ that ...　　　LESSON 60

'so ～ that ...' は「とても～なので…」「…なほど～」という意味を表す構文です。so の後には形容詞または副詞が入ります。
　His speech was so long that everyone got bored.
　（彼のスピーチはとても冗長だったので誰もが退屈した（＝皆が退屈するほど長かった））

キーセンテンス一覧

以下のリストは，各 Lesson の英文中からキーセンテンスを集めたものです。日本語を見て英語で，英語を見て日本語でそれぞれ言えるかどうか，確認するのに役立ててください。
（※左端の数字は Lesson 番号を示しています）

和訳	英文
1 □ 僕は島田健太郎です。	□ I'm Kentaro Shimada.
2 □ 彼はエンジニアをしています。	□ He's an engineer.
3 □ だいたい朝は6時に起きます。	□ I usually get up at 6.
4 □ こちらは私の同僚のケンです。	□ This is my co-worker, Ken.
5 □ 彼女は銀行に勤めています。	□ She works for a bank.
6 □ 仕事は新宿の近くですか。	□ Do you work near Shinjuku?
7 □ 彼女の職場はどこにありますか。	□ Where is her office?
8 □ 今日は空いていないんです。	□ I'm not free today at all.
9 □ ちょっとこちらに来て。	□ Come this way.
10 □ プレゼンのドラフトを作っているところです。	□ I'm preparing the draft of the presentation.
11 □ このプレゼンソフトを使って資料を作ってみましょう。	□ Let's make some documents with this presentation software.
12 □ 教えてもらえますか。	□ Can you show me?
13 □ 吉田さんをお願いできますか。	□ Can I speak to Mr. Yoshida?
14 □ ボブ・ハートにたくさん手伝ってもらいました。	□ Bob Hart helped me a lot.
15 □ 価格表が最新のものではありませんでした。	□ The price list wasn't the latest.
16 □ 彼女は仕事も正確で礼儀正しいです。	□ She's very nice, accurate in her work.
17 □ 一緒に来ませんか。	□ Why don't you come and join us?
18 □ 吉田さんから電話がありました。	□ There was a phone call from Mr. Yoshida.
19 □ ちょっと疲れているようですね。	□ You look tired.

キーセンテンス一覧

	和訳		英文
20	☐ 古いパンフレットをお渡ししてしまいました。	☐	I gave you the old brochure.
21	☐ 彼は昇進することになりました。	☐	He's going to get promoted.
22	☐ ちょうど今君のことをうわさしていたんです。	☐	We were just talking about you.
23	☐ シカゴには来月移る予定です。	☐	I will move to Chicago next month.
24	☐ 営業関係のファイルを持ってきてくれますか。	☐	Will you bring me the sales file?
25	☐ お名前を伺ってもよろしいですか。	☐	May I have your name, please?
26	☐ きっとお忙しいんでしょうね。	☐	You must be very busy then.
27	☐ 完璧にする必要はありません。	☐	You don't have to be perfect.
28	☐ プロジェクターについてはボブに聞くといいです。	☐	You should ask Bob about the projector.
29	☐ 手伝いましょうか。	☐	Shall I give you a hand?
30	☐ もう少し声を大きくしてもらえますか。	☐	Would you speak a little louder?
31	☐ お時間をとっていただきありがとうございます。	☐	Thank you very much for taking time.
32	☐ 新製品についてお話ししたいと思います。	☐	I want to talk about our new product.
33	☐ ちょっと休憩をはさみましょうか。	☐	Would you like to take a break?
34	☐ 我々の目標を達成するのに、まる2年かかりました。	☐	It took 2 years to reach our goal.
35	☐ これを推進するべく、現在広告戦略を考えているところです。	☐	We are thinking about an advertising strategy to do it.
36	☐ 御社へどうやって行けばよいか教えていただけますか。	☐	Would you tell me how to get to your office?
37	☐ この製品は他の類似品よりも小さめです。	☐	This product is smaller than other similar products.
38	☐ オフィスで使うのでしたら、こちらが一番お勧めです。	☐	For office use, this is the best.

	和訳	英文
39	☐ 決定したらご連絡します。	☐ We'll call you when we decide.
40	☐ もし何かお困りのことがありましたら，おっしゃってください。	☐ If you have any problems, just tell me, please.
41	☐ すぐに納品というわけにはいきません。	☐ I'm afraid we can't provide an instant delivery.
42	☐ 十分満足なさっているということでしょうか。	☐ You mean you are quite satisfied with everything.
43	☐ きっとコスト削減を実現できます。	☐ I'm sure you'll be able to cut down on costs.
44	☐ こちらでは定期的に在庫がチェックされています。	☐ The inventory is checked regularly here.
45	☐ すぐに直るでしょうか。	☐ Will it be repaired promptly?
46	☐ たった今お客様から電話がありました。	☐ I have just received a phone call from a customer.
47	☐ 以前にカタログは受け取っていますか。	☐ Have you received our catalog before?
48	☐ 会社の売り上げがこの3カ月間落ちています。	☐ Our sales have been down these past three months.
49	☐ 私はそのキャンペーンがうまくいくかどうか心配です。	☐ I wonder if the campaign will work.
50	☐ 大口の注文をとってみせますよ。	☐ I will get them to place a large order.
51	☐ サンプルをお見せできたことはよかったです。	☐ It was good to show them a sample.
52	☐ ボブがシカゴに行くと聞いて残念です。	☐ I'm sorry to hear Bob is going to Chicago.
53	☐ ちょっと入力をお願いしたいのですが。	☐ I want you to help with some typing.
54	☐ 1日でやるには仕事が多すぎます。	☐ There are too many things to finish in a day.
55	☐ 古いモデルを使っている会社に営業の電話をかけることにします。	☐ I'll make sales calls to the companies that use the old model.
56	☐ プレゼンは十分ではありませんでした。	☐ The presentation that I gave wasn't very good.

和訳	英文
57 □ 自分を向上させるのに最も効果的なことは何でしょう。	□ What's the best thing I can do to push myself up the ladder?
58 □ 当社に助言をしてくださるブレーンの方々がいらっしゃいます。	□ They have some brainy people providing us with advice.
59 □ 日本の友人が薦めてくれる特別な食べ物は何でもトライします。	□ I try all the special food recommended by my Japanese friends.
60 □ とても緊張して，いくつかの質問には答えられませんでした。	□ I was so nervous that I couldn't answer some of the questions.

【音声吹き込み】
Dominic Allen
Jack Merluzzi
Rachel Walzer

仕事で使える My フレーズ　中学英語だけで解決！60 シーン

初版第 1 刷発行 ……	2014 年 9 月 10 日
著者 …………………	晴山陽一
発行人 ………………	藤井孝昭
発行 …………………	株式会社 Ｚ 会 CA
発売 …………………	株式会社 Ｚ 会
	〒 411-0943　静岡県駿東郡長泉町下土狩 105-17
	TEL 055-976-9095
	http://www.zkai.co.jp/books/
装丁 …………………	萩原弦一郎、橋本雪（デジカル）
イラスト ……………	高田茂和
校閲…………………	岡崎恭子
録音・編集 …………	一般財団法人 英語教育協議会（ELEC）
DTP・印刷・製本 …	図書印刷株式会社

© 晴山陽一　2014　★無断で複写・複製することを禁じます
定価はカバーに印刷してあります
乱丁・落丁はお取り替えいたします
ISBN978-4-86290-151-4　C0082